PORTRAIT HISTORIQUE

DE

L'EMPEREUR

DE

LA CHINE,

PRESENTÉ

AU ROY,

Par le P. J. Bouvet, de la Compagnie de JESUS, Missionnaire de la Chine.

A PARIS,

Chez Estienne Michallet premier Imprimeur du Roy, rue S. Jacques, à l'Image S. Paul.

M DC. XCVII.

AVEC PRIVILEGE DU ROY.

AU ROY,

IRE,

Le portrait , que je prens
aujourd'huy la liberté de pre-

senter à Vôtre Majesté, est assurément la chose la plus rare, qu'on ait apportée jusqu'icy de l'Orient. Et les Memoires des païs, aussi-bien que des temps éloignez, nous fournissent peu de sujets, qui soient, si je l'ose dire, plus dignes de vôtre curiosité & de vôtre attention. Il suffit pour cela que ce soit le portrait d'un Monarque, qui ayant le bonheur de vous ressembler par plusieurs endroits, a le même avantage à peu prés par dessus les Princes infideles, que LOÜIS LE GRAND a pardessus les Princes Chrêtiens.

Les Jesuites, que Vôtre

Majesté luy envoya, il y a
quelques années , ont été é-
tonnez de trouver aux extre-
mitez de la terre , ce qu'on
n'avoit point vû jusques-là
hors de la France , c'est à dire
un Prince, qui comme Vous,
SIRE , joint à un genie aussi
sublime que solide , un cœur
encore plus digne de l'Empire ; qui est maître de luy-
même comme de ses sujets ,
également adoré de ses peuples, & respecté de ses voisins ; qui tout glorieux qu'il
est dans ses grandes entreprises, a plus encore de valeur
& de conduite, que de bonheur : Un Prince en un mot,
qui réünissant dans sa per-

sonne la pluspart des grandes qualitez, qui forment le Heros, seroit le plus accompli Monarque, qui depuis long-temps ait regné sur la terre, si son regne ne concouroit point avec celuy de Vôtre Majesté.

Engagé qu'il est encore dans l'état malheureux du Paganisme, s'il se trouve depourvû de ces éminentes prérogatives, sans quoy toutes les autres qualitez Royales n'ont rien de vray & de solide; on peut dire qu'il se les rend propres en quelque maniere, par la haute estime qu'il en fait, par le plaisir qu'il prend de nous les voir mettre dans

tout leur jour, & par l'espe-
rance que sa conduite déja
presqu'à demi chrétienne,
nous donne que le Ciel dai-
gnera aussi l'en favoriser.

Car les heureuses dispositions, que Dieu luy a mises
dans le cœur, par le moyen
des Sciences & des beaux Arts,
& que ce Prince fait paroître
à l'égard de la Religion, nous
donnent lieu d'augurer, qu'il
sera peut-être un jour le des-
tructeur de l'Idolâtrie dans
la Chine, pour ressembler de
plus prés à Vôtre Majesté,
qui a mis sa principale gloire
à abattre l'heresie dans ses
Etats, & à étendre la Religion
par tout le monde.

A iiij

Quel bonheur, SIRE, pour vôtre Regne, si l'estime que nos Arts & nos Sciences arrivées au comble de leur perfection sous la protection de Vôtre Majesté, ont inspiré à l'Empereur de la Chine pour nôtre sainte Religion ; aprés avoir fait reconnoître aux Chinois la superiorité qu'a l'Evangile pardessus leur vaine Philosophie, les porte enfin eux & leur Souverain à s'y soumettre, malgré l'orgueil naturel de cette Nation, qui avoit toûjours crû avoir assez de lumieres pour éclairer toutes les autres !

Voilà neanmoins les grandes esperances, que doivent faire concevoir ces premiers traits de l'Histoire de ce grand Prince. Et l'unique chose que j'ay à craindre, SIRE, en vous presentant son Portrait, est que le pinceau du Peintre ne fasse tort à l'original. Mais si les traits n'en sont pas touchez si finement, au moins je puis assurer qu'ils sont tres-fideles : & que l'accueil favorable de ce Monarque ne nous a point assez éblouï, pour manquer au respect qui est dû à la verité & à Vôtre Majesté, dans une matiere où il s'agit des vrais interests de l'Evangile, qui ne sont point distinguez des vôtres.

L'EMPEREUR, qui regne aujourd'huy à la Chine, & dans une grande partie de la Tartarie, s'appelle CANG-HII, c'est à dire le Pacifique. Il est Fils & Successeur de CHUN-TCHI Prince Tartare de la race ou de la Nation des Mantchéou, qui étant partis de la Tartarie Orientale, vinrent d'abord s'établir dans le païs de Leaotong, situé au Nordest de la Chine ; & conquirent ensuite toute cette grande Monarchie, vers le milieu de ce siecle.

Ce Prince est à present dans la 44ᵉ. année de son âge, &

dans la 36e. de son Regne.
Il n'a rien dans sa personne,
qui ne soit digne du Trône
qu'il occupe. Il a l'air ma-
jestueux, la taille tres-bien
proportionnée & au dessus de
la mediocre, tous les traits
du visage reguliers, les yeux
vifs & grands plus que le commun de sa Nation ; le nez
un peu aquilin & arrondi
vers la pointe ; & quelques
traces, que luy a laissé la petite vérolle, ne diminuënt
rien de l'agrément, qui éclate
en toute sa personne.

Mais, dans ce Prince les
qualités de l'ame l'emportent
beaucoup pardessus celles du
corps. Il est né avec le plus

beau naturel du monde ; il a l'esprit vif & penetrant, la memoire heureuse, une étenduë de génie surprenante, une fermeté d'ame à l'épreuve de toute sorte d'événemens, & aussi propre à former de grandes entreprises, qu'à les conduire & les terminer. Toutes ses inclinations sont nobles & dignes d'un grand Roy ; ses peuples ne peuvent assez admirer son amour pour l'équité & pour la justice, sa tendresse paternelle pour ses sujets, son penchant pour la vertu & pour tout ce que dicte la raison, & l'empire absolu qu'il a sur ses passions : & on n'est

pas

pas moins surpris de trouver dans un Monarque si occupé, autant d'application à toutes sortes de Sciences, que de goûts pour les beaux Arts.

Les premieres naiſſances de ces grandes qualitez qu'on apperçût dans luy dés son enfance, obligerent l'Empereur son Pere, à le déclarer son Succeſſeur préférablement à tous ſes freres, malgré la foibleſſe de son âge; & la conduite de ce jeune Prince fit bien-tôt honneur au ſage choix de celuy qui l'avoit nommé.

En effet dés qu'il fut établi ſur le Trône, il ne penſa qu'à ſe rendre également agreable aux deux Nations qu'il avoit à commander, en s'appliquant à tous les exercices eſtimez des Tartares, par ce qu'ils diſpoſent à la guerre; & à cultiver les Sciences, dont les Chinois font preſque tout leur merite. Pour les exercices du corps il y devint bien-tôt ſi adroit, qu'il n'y avoit aucun Seigneur qui l'égalât. Comme les Tartares eſtiment preſque autant la force que l'addreſſe, ils ſont charmez de voir que dans toute ſa Cour, il n'y a pas un Seigneur qui puiſſe courber l'arc dont il ſe ſert, ny qui le manie avec plus d'addreſſe. Il en tire preſ-

qu'également bien de la main
gauche & de la main droite,
soit qu'il tire à pied, ou à
cheval; qu'il se tienne en arrest, ou qu'il coure à toute
bride; & il ne tire guere à faux
soit en volant, soit sur le gibier arresté. Il a appris à manier toutes sortes d'armes,
jusqu'à celles, dont on ne se
sert presque plus. L'usage de
nos armes à feu ne luy est pas
moins familier, que celuy de
l'arc ou de l'arcbaleste. Quoi-
que les Tartares semblent
nez pour monter à cheval,
ce Prince à sçû s'y distin-
guer. Il s'y tient parfaitement
bien; & il est tres à droit à la
course, non seulement dans

B ij

les lieux unis, mais dans les endroits mêmes fort escarpez, soit qu'il faille monter, ou descendre.

Le maniment des armes & tous ces exercices militaires ne l'empêchent point d'avoir du goût pour la Musique. Il estime sur tout celle d'Europe, dont il aime les principes, la methode & les Instrumens. Et si ses occupations Royales luy permettoient de se délasser plus souvent à toucher nos Instrumens, il les toucheroit avec autant de facilité & de perfection, qu'il touche la plûpart des Instrumens Chinois & Tartares, à quoy les premieres années de fa jeuneſſe luy ont permis de s'appliquer.

Mais comme l'art de regner eſt la principale qualité d'un Souverain , c'eſt auſſi celuy pour lequel il a toûjours eu plus d'attrait. Lors qu'il n'étoit encore âgé que de 15. à 16. ans, ſon premier Miniſtre , qui étoit le plus puiſſant des quatre Regens de l'Empire, que ſon pere avoit établis pour gouverner pendant ſa minorité, abuſoit tellement de ſon pouvoir , qu'il faiſoit plier ſous luy tous les Princes du ſang , & tous les Tribunaux ſuprémes : de ſorte qu'il ne ſe trouvoit perfonne qui ofaft le contredire. Mais le jeune Empereur eut affez de courage pour prendre luy-mème la refolution de faire arrefter ce Miniftre. Il fit appeller les premiers Princes de fon fang, qui étoient du Confeil de l'Empire ; & aprés leur avoir reproché leur lâcheté, de fouffrir les injufti-ces que commettoit ce Mi-niftre dans le Gouvernement, fans y apporter du remede & fans l'en avertir, il ordonna au Prefident du Confeil des Princes d'aller fur le champ fe faifir de fa perfonne : ce qui fut incontinent executé. Enfuite il luy fit faire fon Procés : & ce Miniftre s'étant

trouvé convaincu d'une infinité d'injustices, on le con-
damna à mort : mais ayant
demandé & obtenu audian-
ce, il fit voir les cicatrices des
playes qu'il avoit reçûës pour
sauver la vie à l'Empereur
* Taï-tsou ayeul de sa Majesté, & obtint la vie en consideration de ses blessures, &
des services qu'il avoit rendus
sous les deux Regnes préce-
dens. Son arrest de mort fut
changé en une prison per-
petuelle , où il a fini ses
jours.

Dés ce temps-là l'Empe-

---

* Ce Prince fut pere de Chun-tchi Con-
querant de la Chine , & regna au-delà de la
grande muraille dans le Leao-tong avec la qualité d'Empereur.

B iiij

reur ayant commencé de tenir les refnes de fon Empire, il s'eft toûjours appliqué
depuis avec tant de foin à le
gouverner, qu'il a toûjours
voulu prendre connoiſſance
de toutes les affaires, & les regler par luy-même, aprés
avoir entendu le fentiment
de fes Miniſtres & de fon
Confeil. Auſſi s'eft-il acquis
une fi prodigieuſe facilité
pour le gouvernement de
l'Etat, que le reglement de
tant de differentes affaires, qui
fe paſſent dans un fi vaſte Empire, & qui fe rapportent toutes devant luy, dés qu'elles
font tant foit peu confide-
rables, ne femblent plus

être pour luy qu'un divertisſement.

Il donne regulierement tous les jours le matin au lever du ſoleil, audience à tous les Tribunaux ſouverains de Pé-king, dont les principaux Officiers viennent en Corps luy preſenter leurs Requeſtes. Quand les affaires ſont de quelque conſequence, avant que de les regler, il les renvoye au Tribunal des Co-lao, qui ſont proprement les Miniſtres de l'Empire ; leſquels, aprés avoir examiné les affaires, en rendent compte à ſa Majeſté, & marquent leur ſentiment par écrit ; aprés quoy l'Empereur en decide feul comme il le juge à propos : le refultat d'aucun des Tribunaux, pas même de celuy des Miniſtres, ou du Confeil de l'Empire, n'ayant aucune force ny aucun effet, que l'Empereur ne l'ait approuvé.

Outre ce temps du matin, auquel il donne audience, durant tout le reſte de la journée, il y a un homme habile & intelligent marqué pour recevoir les Placets, que l'on vient prefenter à fa Majeſté fur les affaires qui furviennent, & pour écouter ceux qui ont quelque chofe à luy faire fçavoir feulement de bouche. Cet Officier va fur le champ en rendre compte à l'Empereur, & en rapporte la réponse ; pourvû que ce soient des gens, qui ayent droit d'informer l'Empereur sur ces choses-là, car les autres ne seroient pas écoutez. .

Toutes les fois que l'Empereur sort de Pé-king, pour aller à la chasse, ou quelqu'autre part, s'il arrive que quelqu'un opprimé par l'injustice des Mandarins, le vienne attendre sur le chemin, pour luy presenter leurs Requestes contre eux, & implorer la justice de sa Majesté, il n'a qu'à se mettre à genoux à quelques pas du chemin par où l'Empereur doit passer, te-

nant ſa Requeſte en main
toute ouverte ; car ce Prince
ne manque pas ordinairement
dans ces occaſions, d'envoyer
quelque perſonne de con-
fiance avec ordre de s'informer de l'affaire, & enſuite de
l'examiner lors qu'elle le merite : & ſi les Mandarins ſe
trouvent coupables, il les fait
punir rigoureuſement. Il a
même diverſes adreſſes pour
diſcerner ceux à qui la paſſion
donne la hardieſſe de luy preſenter ainſi leurs Requeſtes,
d'avec ceux qui le font par
raiſon & par neceſſité. En
voicy une dont il s'eſt ſervi
pluſieurs fois avec ſuccés. Il
examine l'air & la maniere
dont

dont ils l'abordent ; s'ils le font avec le respect qui est dû à la Majesté souveraine, & se contentent de se tenir humblement à genoux dans un lieu mediocrement éloigné, avec leur Requeste en main, il les écoute avec bonté ; au lieu que s'ils se mettent, pour ainsi dire, en embuscade tout proche du chemin, & sortent brusquement lors qu'il vient à passer, il n'en fait point de cas ; il écoûte encore moins ceux qui étant empêchez par les Gardes d'approcher, jettent de grands cris & demandent justice à haute voix : ce Prince ayant remarqué par experience, que c'est ordinairement la paſſion , qui fait agir ces ſortes de gens. Cependant il ne veut pas qu'on maltraite aucun de ceux qui viennent preſenter leurs requeſtes, pourvû qu'ils ne perdent pas entierement le reſpect , afin de laiſſer une entiere liberté à toutes ſortes de perſonnes d'avoir recours à luy, & de retenir en même temps les Mandarins dans leur devoir, par la crainte que quelqu'un ne vienne preſenter de ces ſortes de requeſtes contre eux. En effet nous avons vû pluſieurs fois des Mandarins conſiderables , même de ceux qui approchent de plus prés la perſonne de l'Empereur, accufez de la forte, perdre leurs charges & eftre rigoureufement punis, felon que le meritoit leur faute.

Cet Empereur non feulement n'a jamais eu de favoris, par qui il fe foit laiffé gouverner, mais il fe gouverne tellement par luy-même, qu'il n'y a perfonne dans tout l'Empire, qui osât luy parler fur une affaire, fi elle n'eft de fon reffort, ou s'il ne luy en demande fon fentiment. Dailleurs il eft luy-même fi fecret, & fi impenetrable dans fes deffeins, que plus on l'approche, plus on reconnoît qu'il eft difficile de les penetrer. Sa coûtume est de prendre beaucoup d'informations sur toutes les affaires, qui le meritent, & d'en faire faire de secretes par differentes personnes, tandis que les Tribunaux en font de publiques.

Dans les audiances même particulieres, il interroge beaucoup, & s'avance rarement à dire d'abord son sentiment. Il écoute tout ce qu'on luy dit, pour y penser ensuite à loisir; & il est difficile de trouver un Prince, qui fasse plus de reflexions à tout ce qu'il voit, & qu'il entend; qui sçache mieux dissimuler ce qu'il pense, quand il le faut;

& qui foit plus maître de fon
fecret & de fes paroles, que
luy.

Il a la memoire fi heu-
reufe, que les moindres cir-
conftances des affaires dont
on luy a une fois parlé, &
qu'il a écoûté avec quelque
application, & les noms même des perfonnes qu'il a vûës
feulement en paffant, luy de-
meurent toûjours imprimez
dans l'efprit; & ny la multitude des affaires, dont il prend
connoiffance par luy-même,
ny la fuite des temps, ne font
pas capables de luy en faire
perdre le fouvenir; ainfi que
nous l'avons fouvent éprouvé nous-même, auffi-bien

que le Pere Verbiest, à qui
il arriva un jour une chose
assez singuliere en ce genre.
Dans un voyage qu'il fit à la
suite de l'Empereur, sa Majesté luy ayant demandé comment s'appelloit en sa langue
naturelle un certain oiseau,
qu'il apperçût, & dont le Pere
luy avoit dit le nom en Flamand plusieurs années auparavant : le Pere, qui avoit déja oublié une partie de sa langue maternelle, ne se souvint
plus du nom Flamand de
cet oiseau, parce qu'il étoit
assez bizarre : mais l'enten-
dant aussi-tost prononcer à
l'Empereur, qui luy demanda, si ce n'étoit pas ainsi que

cet oiſeau s'appelloit ? Le
Pere Verbieſt fut plus éton-
né de voir , que ce Prince
s'en ſouvenoit encore, que de
ce qu'il l'avoit oublié luy-
même.

Ce Prince a une ſi grande
penetration, qu'il eſt difficile
de luy déguiſer la verité, ſans
qu'il s'en apperçoive auſſi-tôt.
Il a auſſi tant de bon ſens naturel & le jugement ſi ſolide,
qu'il ne manque gueres de
prendre le parti le plus juſte
dans toutes les affaires dou-
teuſes : de ſorte que les plus
habiles de ſes Miniſtres con-
feſſent, que c'eſt bien plus aux
inſtructions qu'il leur donne,
qu'à leur propre adreſſe,qu'eſt

dû tout le fuccés des affaires.
On en a vû des exemples tres-
remarquables, tant dans les
differens qu'il a eus avec les
Mofcovites, que dans la paix
qu'il a fait traiter depuis avec
eux. Comme ces gens-là
font pour la plufpart fort
grofliers, que leurs manieres
n'infpirent pas beaucoup d'e-
ftime pour leurs perfonnes,
& que d'ailleurs leur Païs eft
trop éloigné de Pé-King,
pour que leurs forces y foient
redoutées, ou même affez
connuës, afin qu'on en faffe
état : on ne voulut pas feulement les écoûter dans la premiere Ambaffade qu'ils en-
voyerent en cette Cour, fous

le regne de CHUN-TEHI pe-
re de l'Empereur d'aujour-
d'huy.

Dés qu'on vit au contrai-
re qu'ils faisoient difficulté de
se soûmettre aux ceremonies
humiliantes ausquelles on
vouloit les assujetir, suivant
la coûtume qu'on observe à
l'égard de ceux, qui viennent
rendre hommage en cette
Cour ; on les obligea de s'en
retourner avec leurs lettres &
leurs presens, aprés les avoir
tenus longtemps renfermez,
sans leur laisser seulement la
liberté de voir la Ville, ni de
communiquer avec personne. Et c'est ce qui donna occasion à la guerre qu'ils fi-

rent enfuite contre quelques Tartares fujets de cet Empire.

Quoyque l'Empereur d'aujourd'huy n'ait pas plus de raifon de les craindre que fon Predeceffeur : cependant, parce qu'ils pourroient incommoder les fujets de l'Empire, qui en font voifins, fa Majefté veut bien les ménager dans les occafions, pour le repos de fes Sujets.

Il s'en prefenta il y a quelques années une, que ce Prince ne laiffa pas échaper. Ses Troupes avoient pris à difcretion, une fortereffe, que les Mofcovites avoient bâtie fur les terres de la Tartarie dépendante de son Empire. Loin de faire mourir, suivant la coûtume barbare de ces païs, les soldats de la garnison, qui avoient été faits prisonniers, il les fit bien traiter ; & renvoya tous ceux qui voulurent s'en retourner en leur païs, leur faisant même donner des provisions. Pour ceux qui voulurent bien prendre parti dans ses troupes, il en fît placer une partie dans la capitale de la Province de Leao-tong, & fit venir les autres à Pé-king. Il donna à chacun d'eux des maisons, des terres, des esclaves, & une place de Cavalier à ceux qui étoient simples soldats ; aux autres, qui avoient quelques charges parmi les Moscovites, il leur donna le même degré de dignité, qu'ils avoient chez eux, & des appointemens encore plus considerables.

Il a aussi toûjours traité avec beaucoup d'humanité & de bonté, tous les Envoyez de Moscovie, qui sont depuis venus en cette Cour, les faisant défrayer & pourvoir de toutes les choses necessaires, tandis qu'ils ont été sur ses Terres ; leur donnant à ses dépens des voitures pour eux, pour leurs bagages & leurs marchandises, soit en allant soit en retournant, dans l'é-

tenduë

tenduë de quelque trois cens
lieuës de païs, qu'il faut tra-
verſer ſur les terres de Tartarie ſujettes à cet Empire, avant
que d'arriver à Pé-king. Et
dans cette grande Ville avec
les bons ordres, qu'il donne
ordinairement , pour la liberté & la facilité de leur
commerce, ils ont toute la
commodité qu'ils peuvent
ſouhaiter , pour cela , ſans
qu'on exige d'eux aucuns
droits; bien loin de ſouffrir
qu'on leur faſſe aucune inſul-
te ou aucune avanie; & tout
cela afin que tirant un gros
profit de ce commerce, l'envie d'en conſerver pour toûjours la liberté, leur inſpirât

D

le defir de la paix avec cet Empire.

Auffi les Plenipotentiaires Mofcovites ont-ils avoüé aux Percs Pereyra & Gerbillon, qui fe trouverent aux conferences de la Paix par ordre de l'Empereur, que ce qui avoit fait naître aux Czars leurs Maîtres, le deffein d'envoyer des Plenipotentiaires, pour travailler à la Paix, & au reglement des limites des deux Empires ; ç'avoit été les bons traitemens, que les fujets de la Couronne de Mofcovie avoient reçû de l'Empereur de la Chine. Et du côté de la Chine ce fut l'Empereur feul, qui d'une autorité absoluë, fît résoudre dans son Conseil, qu'on envoiroit aussi de sa Cour des Pleni-potentiaires sur les frontieres des terres appartenantes aux Moscovites, où l'on sçavoit que les leurs s'étoient arrêtez: & ce Prince ne voulut point qu'on eût égard alors à cette superbe coûtume de la Chine, de n'envoyer jamais d'Am-bassadeurs aux Princes étran-gers, si ce n'est pour leur porter des ordres de l'Empe-reur.

Il choisit même pour chefs de cette Ambassade les deux plus considerables Seigneurs de sa Cour, ausquels il avoit une entiere confiance, & qui paſſoient pour être deux des meilleures têtes de ſon Conſeil. Et ſans ſe rebutter de ce que le voyage n'avoit pas réüſſi la premiere année , il y envoya une ſeconde fois avec de ſi bonnes inſtructions, que la paix fut enfin concluë, & les limites reglées entre les deux Empires , avec toutes les conditions qu'il deſiroit : au lieu que s'il eût voulu s'arreſter aux formalitez des coûtumes Chinoiſes, & continuer de traiter les Moſcovites avec la même hauteur qu'on avoit fait la premiere fois , qu'ils vinrent en cette Cour, ils ſe fuſſent peut-être liguez avec quelques

Princes de la Tartarie Occidentale, & auroient pû cauſer quelque deſordre ſur les frontieres.

On peut ajoûter icy par occaſion, ſans pourtant interrompre la ſuite de ces memoires, que les Moſcovites ne ſont pas les ſeuls étrangers, qui puiſſent ſe loüer du bon traitement de l'Empereur de la Chine. Par cette grandeur d'ame, qui luy eſt ſi naturelle, il a fait un tres-bon accueil aux Ambaſſadeurs Hollandois & Portugais, qui ſont allez à ſa Cour; en cela d'un génie bien different ſans doute du génie & de la coûtume des Chinois, qui ont

eû de tout temps un tel mé-
pris pour toutes les nations
étrangeres, qu'ils ne les ont
pas jugées dignes d'avoir aucune communication avec
elles : ou s'ils reçoivent des
Ambassadeurs de leur part,
c'est comme des gens qui
viennent rendre hommage à
leur Empereur. Il est vray
qu'à la reserve des Japonois,
des Tonkinois & des Co-
réens, qui tiennent des Chinois ce qu'ils ont de science &
de politesse, tous leurs voisins sont des peuples extrémement grossiers & sauva-
ges.

Mais l'Empereur d'aujour-
d'huy dont les vûës sont bien

au deſſus du commun, a reconnu depuis longtemps la
fauſſeté de cette prévention
des Chinois. L'idée que les
Jeſuites lui ont donnée depuis
longtemps, de tous les royaumes d'Europe & de toutes les
autres nations du monde,
avec les beaux ouvrages, qui
luy ſont venus de dehors en
differens temps, & plus encore la connoiſſance particuliere qu'il a priſe de nos Arts
& de nos Sciences, luy ont
bien fait juger, que ce n'eſt
pas ſeulement à la Chine,
qu'il y a des hommes polis
& habiles dans les Sciences &
dans les plus beaux Arts. Ce
qui a été cauſe en partie que,

contre l'injuste coûtume de sa Nation, il a fait des honneurs & des caresses extraordinaires aux Ambassadeurs de Hollande, de Portugal & de Moscovie; quoyqu'il laissât cependant, selon la coûtume de l'Empire, regler par les Tribunaux, les affaires qu'ils venoient traiter.

Mais la sagesse de ce grand Prince & la force de son génie, n'ont jamais mieux paru, que dans la conduite qu'il a tenuë pour dissiper les troubles, qui se formoient en divers temps durant son regne. La premiere & la plus célebre fut celle du fameux Ou-san-goüei, qui aprés avoir introduit les Tartares dans la Chine & avoir été pour cela élevé à la qualité de Roy, ou de Prince feudataire d'une Province, par le pere de l'Empereur d'aujourd'huy, s'avisa de se revolter contre les Tartares sur la fin de ses jours.

Il s'étoit déja rendu maître presque de la moitié de l'Empire, sans aucune resistance, & ce fut une espece de miracle, qu'il ne l'enleva pas tout entier : car les Chinois suivoient aveuglément son parti, & les Tartares n'étoient qu'une poignée de gens, qui n'eussent jamais pù se maintenir dans la possession de leur conqueste. Mais la prudence & la fageſſe de ce jeune Empereur , qui n'a-voit pas alors plus de vingt ans, ſuppléa bien-toſt à ce qui luy manquoit de force.

En effet ce Prince, qui dés-lors gouvernoit ſon Empire par luy-même, avec une ap-plication incroiable , ſçût donner de ſi bons ordres, & ménagea ſi bien les Gouver-neurs des Provinces & des plus importantes Places,& les prin-cipaux Officiers de guerre Chinois, que non ſeulement il maintint dans l'obéïſſance, ceux qui ne s'étoient pas de-clarez pour Ou-ſan-goüei : mais qu'il ramena encore dans ſon parti, pluſieurs de

ceux qui s'en étoient écartez.
Si dans cette conjoncture il
n'alla pas luy-même à l'armée
en perſonne, ce ne fut que par
ce qu'on luy repreſenta, que
ſa preſence étoit abſolument
neceſſaire à Pé-king pour y
tenir toutes les Provinces du
Nort dans le devoir, & pour
arreſter les factions qui ſe
formoient continuellement
dans Pé-king même, & qui
étoient beaucoup plus dan-
gereuſes que toutes les forces
d'Ou-ſan-goüei.

Enfin tout jeune qu'il é-
toit, il fit tout ce qu'on pouvoit attendre d'un Prince con-
ſommé dans le Gouverne-
ment & dans la Politique. Il

paſſoit infatigablement les jours & les nuits à tenir Conſeil & à donner les ordres, ſelon les évenemens, voulant être averti de tous les mouvemens de cette revolte, qui fut d'autant plus dangereuſe qu'elle donna occaſion à pluſieurs autres factions, qu'il ſçût étouffer toutes les unes aprés les autres, par un effet de ſa ſage conduite & de ſon application.

La premiere de ces factions fut une conſpiration des Eſclaves de Pé-king, qui étant tous Chinois d'origine étoient convenus entr'eux de tuer tous leurs maîtres Tartares en une même nuit, &

de

de mettre cependant le feu
aux quatre coins de la ville,
pour achever de tuer plus aifément ceux qui auroient é-
chappé à leurs mains. Mais
cette confpiration ayant été
découverte , quelques jours
avant qu'elle duft être exé-
cutée, par plufieurs des com-
plices, qui étoient en fi grand
nombre, qu'ils ne fe connoif-
foient pas les uns les autres,
l'Empereur prévint fi bien
cette dangereufe faction, qu'il
la diffipa entierement en peu
de jours, fe faififfant feulement des principaux Chefs,
qui furent punis de mort fur
le champ , & donnant une
amniftie generale à tous les
autres.   E

Aprés cette faction suivit celle des Rois de Canton & de Fokien: comme ils étoient Chinois de race , ils voulurent profiter de l'embarras où la revolte d'"Ou-san-goüei avoit mis les Tartares, pour secoüer aussi le joug de leur domination ; & tenterent de se faire souverains & independans chacun dans leurs Provinces.

En même temps se révolta un autre Roy de la race des Mongo, chef de la branche principale des Princes issus de ces Empereurs de la Tartarie occidentale, qui regnoient dans la Chine avant la famille Imperiale de Taiming, c'eſt à dire il y a plus de trois cens ans, & qui aprés avoir été chaſſez, regnerent encore depuis dans la Tartarie juſques vers la 30e année de ce fiecle, que la diviſion ſe mit parmi les Princes de cette maiſon.

L'ayeul de l'Empereur d'aujourd'huy profitant à ſon tour de l'occaſion, les engagea tous les uns aprés les autres, à ſe ſoumettre à ſon Empire avec celuy-là même, qui comme chef de la famille, portoit encore le nom d'Empereur, & que ſes propres ſujets obligerent à s'y ſoûmettre ; mais pour rendre ce joug plus honorable & plus aifé à fupporter , quand les Tartares Mantcheou eurent conquis la Chine, ils luy don-nerent le nom de Roy, auffi-bien qu'à plufieurs des plus puiffans Princes Mongo de cette famille-là,

Au plus fort de la révolte des trois Princes ou Rois Chinois , quelques Mongo Officiers de ce Prince chef de la branche principale des Mongo , étant venus à Pé-king, & ayant remarqué qu'il n'y avoit prefque plus de troupes des Mantcheou, & que les portes même n'étoient gardées prefque que par des enfans, ils en firent le rapport à leur maître , & luy firent naître l'envie de profiter de cette occasion, pour s'affranchir de la domination des Mantcheou, & pour tenter même de reconquerir l'Empire de la Chine, où ses ancêtres avoient regné.

Mais pendant qu'il formoit ses liaisons avec les autres Princes Mongo ses voisins, du secours desquels il avoit besoin, pour executer son entreprise; cette faction étant venuë à la connoissance de l'Empereur, sa Majesté envoya avec tant de promptitude, un petit corps d'armée, composé en partie des troupes, qui restoient à Pé-king, & en partie de celles, qui étoient dans la Province de Leao-tong voisine des terres de ce Prince Mongo, qu'il ne luy donna pas le temps de se reconnoître, ni d'assembler toutes ses forces, ni même de se joindre à celles de quelques-uns des autres Princes Mongo ses voisins, avec lesquels il s'étoit ligué ; de sorte qu'ayant été forcé de combattre avec ce qu'il put ramasser de ses gens, contre l'armée des Mantcheou, qui avec une diligence incroyable l'étoit venu chercher jusques dans le cœur de son païs ; il fut entierement défait & poursuivi si vivement dans sa fuite, qu'il fut pris pri-

fonnier avec fon frere & fes
enfans.

Enfin durant toutes les
guerres civiles , l'Empereur
avec le peu de troupes qu'il
avoit, aufquelles il fe pût fier,
pourvût fi bien à tout , &
ménagea les chofes avec tant
de prudence , qu'il vint à bout
heureufement de tous les re-
belles , quoy qu'ils tinffent
ferme jufqu'à la derniere ex-
tremité. Parmi les chefs de
la rebellion , ceux-là même
qui ne remuerent pas durant
la guerre , furent tous pris
prifonniers , & executez à
mort avec tous leurs enfans
mâles , de quelqu'âge qu'ils
fuffent , fuivant la rigoureufe

coûtume de la Chine , qui punit ceux qui se revoltent, jusqu'à la neuviéme generation, dans tous leurs descendans, afin d'éteindre entierement leur race.

Cependant l'Empereur, qui est naturellement éloigné de tout ce qui sent la cruauté, ne voulut pas qu'on touchât ni à la personne, ni aux biens des freres des Rois de Canton & de Fokien, qu'il sçavoit n'avoir eu aucune part à la rebellion. Mais parce qu'il étoit obligé de laisser executer à mort quelques-uns des petits neveux d'Ou-san-goüei encore en bas âge, il fit publier un manifeste, par le-

quel il proteſtoit que ce n'é-
toit point luy qui les con-
damnoit à mort; & qu'il n'y
conſentoit que forcé par la
loy de l'Empire, & par l'aſ-
ſemblée générale des Princes
du ſang & des Tribunaux
ſouverains, qui ne vouloient
pas qu'on dérogeât à cette
loy, afin de maintenir l'hor-
reur pour la rebellion, par la
crainte du plus grand de tous
les châtimens, qui eſt chez
les Chinois de ne laiſſer point
de poſterité aprés ſoy.

Ainſi l'Empereur non ſeu-
lement reconquit toutes les
Provinces, qui avoient ſe-
coüé le joug; mais encore il
réünit à ſa Couronne, celles

qui avoient été érigées en Royaumes, en faveur de trois Généraux d'armée Chinois, qui s'étant rangez sous l'Etendart des Tartares, les avoient le plus aidé à conquerir l'Empire de la Chine.

Il eut encore le bonheur d'exterminer le reste des anciens Chinois, qui ne voulant point se soûmettre à la domination des Tartares à leur entrée dans la Chine, avoient mieux aimé suivre le parti du fameux Pirate Coüésing. Ce fut sous le regne de Chun-tchi pere de l'Empereur d'aujourd'huy, que ce Pirate pensa se rendre maître de tout l'Empire. Il s'étoit

avancé avec une armée for-
midable jufqu'à Nan-King,
qu'il auroit probablement
emporté, fans un brave General Tartare, qui y com-
mandoit alors. Mais comme
la confervation de l'Empire
dépendoit de la confervation
de cette place, ce General
en foûtint vigoureufement
le fiege, avec une affez petite
garnifon, & furprit enfin le
Pirate avec tous fes gens aprés
une débauche, qu'ils avoient
faite, pour celebrer la naif-
fance de leur General.

Ce Pirate eft celuy-là
même qui aprés avoir perdu
prefque toute fon armée en
cette occafion, fut obligé

de ſe retirer dans l'Iſle For-
moſe, dont il chaſſa les Hol-
lãdois, qui s'y étoient établis.
Son fils y regna encore aprés
luy, juſqu'à ce que l'Empereur d'aujourd'huy l'obligea
par la force de ſes armes, de
ſe ſoûmettre avec tous ceux
de ſon parti, à la reſerve d'un
petit nombre, qui s'eſt refu-
gié dans le Royaume de
Camboye. De ſorte qu'on
peut dire, ſans exageration,
que l'Empereur Cang-hii s'eſt
encore acquis plus de gloire
en arreſtant toutes ces dan-
gereuſes revoltes, & mainte-
nant l'Empire de la Chine
tout entier ſous ſon obéïſſance contre tant de ſi puiſ-
ſans

ſans ennemis, que ne s'en
eſt acquis ce fameux Ama-
vang ſon oncle tuteur de ſon
pere, par la conqueſte de cet
Empire. En effet il ne coûta
preſque rien aux Tartares,
les Chinois ſe détruiſant eux-
mêmes les uns les autres, &
les plus braves d'entr'eux
combattant pour les Tar-
tares contre leur propre nation.

Aprés avoir éteint toutes
ces révoltes, & donné la paix
à ce vaſte Empire, l'Empereur s'appliqua auſſi-tôt à y
établir le bon ordre, à refor-
mer les abus qui s'y étoient
gliſſez durant la licence de
la guerre, & à faire régner la

vigueur des loix, la seureté &
l'abondance dans toutes les
Provinces. Mais comme pour
venir à bout de ce dessein
rien n'étoit plus important
que de mettre de bons Officiers habiles, intelligens &
d'une probité reconnuë, dans
les charges les plus considerables de la Cour & des Provinces : c'est aussi à en faire
un bon choix, & à main-
tenir dans le devoir ceux qu'il
y a établis, qu'il s'étudie principalement.

En effet, le gouvernement
de la Chine est parfaitement
Monarchique; tout s'y rapporte à un seul. Les Officiers
inférieurs dépendent entiere-

ment des supérieurs; dans une Ville c'est le Gouverneur, qui seul a le pouvoir de décider de toutes les affaires de cette Ville ; dans une Province c'est le Viceroy ou le Gouverneur de la Province : & cette forme de gouvernement, qui de soy est tres-parfaite, demande que les Gouverneurs des Villes & des Provinces entre les mains desquels reside toute l'autorité du Prince, soient des gens d'une grande probité & d'une integrité à l'épreuve, pour ne se pas laisser corrompre, & pour ne pas vendre la justice.

On ne sçauroit croire quel soin apporte l'Empereur, pour

faire un bon choix des Mandarins confidérables, fur tout des Gouverneurs des Provinces ; & avec quelle application il veille fur leur conduite. Non content des informations, que le Tribunal fuprême des Mandarins luy donne, des perfonnes qu'il propofe, pour remplir les charges ; il en fait faire de fecrettes par des perfonnes de confiance. Il les interroge luy-même ; & fouvent il nomme des perfonnes toutes differentes de celles qui font propofées, n'ayant égard qu'au merite d'un chacun. Lorfqu'il en trouve qui font d'une capacité diftinguée , il les traite

aussi avec distinction ; il les
éleve incontinent aux plus
hautes & plus importantes
charges ; il leur fait publiquement des honneurs & des
faveurs extraordinaires. Au
contraire la moindre faute
qu'ils font en matiere de gouvernement, suffit pour les
faire casser, si elle vient à la
connoissance de l'Empereur:
mais si quelqu'un est accusé
de s'être laissé gagner par argent, l'Empereur est inexo-
rable sur cet article, sans avoir
égard à qui que ce soit ; aprés
les avoir fait juger par les Tribunaux dans les formes, non
seulement il les casse irre-
missiblement, mais encore

il les punit tres-rigoureuse-
ment.

De là vient cette viciſſitude
continuelle de Mandarins
grands & petits, qu'on voit
ſe ſucceder les uns aux autres
dans cet Empire. Elle eſt ſi
grande que dans les quatre
premieres années que nous
avons demeuré à Pé-king,
nous avons vû changer preſque tous les Gouverneurs &
les Vicerois des Provinces,
& la plûpart des chefs des
Tribunaux de Pé-king ; car
la vigilance de l'Empereur eſt
telle, qu'il eſt difficile que les
fautes les plus cachées puiſſent
échapper longtemps à ſa connoiſſance.

A peine fûmes-nous arrivez en cette Cour, que nous vîmes casser tout d'un coup quatre Co-lao, deux Tartares, & deux Chinois, & le chef du premier des six Tribunaux suprêmes de l'Empire, quoy qu'il fust beau-pere du fils aîné de l'Empereur : & la premiere fois que nous allâmes au palais on nous montra un de ces Co-lao assis à une des portes, faisant la fonction d'un simple sergent des Gardes. L'Empereur l'avoit reduit à cet employ pour le mortifier plus sensiblement.

En même temps on fit le procés à deux ou trois Vicerois, un desquels fut conduit à Pé-king chargé de chaînes, sans avoir une seule personne de sa maison à sa suite : & peu de temps aprés convaincu d'avoir exigé & reçû injustement beaucoup d'argent dans la Province qu'il gouvernoit, il fut condamné à mort, les autres dont les fautes étoient plus legeres, perdirent seulement leurs charges.

L'année suivante le Viceroy de la Province de Tché-kiang, qui s'étoit fort declaré contre la Religion, & qui avoit fait tout son possible, pour nous faire renvoyer de la Chine, lors que

nous y arrivâmes, étant accusé de malversations, fut
condamné par l'Empereur
même, non seulement à perdre sa charge, mais encore à
aller passer le reste de ses
jours en exil dans la Tartarie.

Enfin ce Prince s'est fait
une obligation si étroite de
se conformer aux loix de
l'équité en tout ce qui regarde le gouvernement de l'Empire, & de n'avoir égard
purement qu'au merite d'un
chacun dans la distribution
des charges, qu'il est inoüi
qu'on luy ait jamais vû faire
une démarche contraire, ou
par inclination, ou par quel-

que consideration particuliere.

Ce n'est pas seulement par ce soin & cette application à bien choisir les Mandarins, & par cette vigilance sur leur conduite, que cet Empereur montre la bonté qu'il a pour son peuple. L'inquietude extraordinaire, que l'on remarque en luy, lorsque quelqu'une de ses Provinces est affligée de quelque calamité publique, fait bien voir qu'il se regarde autant comme le pere, que comme le souverain de ses sujets.

Nous en avons vû des témoignages autentiques en deux differentes années ; la

ſtérilité cauſée par une grande ſechereſſe ayant réduit à
de grandes miſeres le peuple
de quelques-unes de ſes Provinces , ce Prince touché
ſenſiblement de ſon afflic-
tion , ne ſe contenta pas de
remettre le tribut annuel de
ces Provinces entieres, c'eſt
à dire les trente & quarante
millions , & de faire ouvrir
les greniers publics : mais il
fit encore faire de groſſes di-
ſtributions de grains & d'argent dans les endroits, qui
ſouffroient davantage.

Pour ſubvenir encore plus
abondamment à la neceſſité
des pauvres , il permit que
ceux d'entre les perſonnes

riches, qui avoient pris les degrez neceſſaires pour être Mandarins, puſſent acheter les charges, dont ils feroient jugez capables dans l'examen, en fourniſſant certaine quantité de grains qu'ils feroient conduire dans les lieux où l'on en avoit le plus de beſoin : & parce qu'une infinité de miſerables accouroient à Pé-king pour chercher quelque moyen de ſubſiſter, l'Empereur trouva le moyen tout à la fois de remedier à l'indigence de cette multitude, & de le faire d'une maniere utile au public, en ordonnant qu'on les occupât à rebâtir tous les Tribunaux,

bunaux qui font dans cette Cour. Ce qui étoit également propre, pour prévenir les défordres trop ordinaires aux miferables abandonnez à l'oifiveté.

Dans ces temps malheureux il veut bien fe priver des divertiffemens les plus honnêtes, qu'il a coûtume d'aller prendre quelquefois dans les deux maifons de plaifance qu'il a proche de Pé-king. Nous l'avons vû, pendant tout le temps que duroit la féchereffe, fe tenir enfermé dans fon Palais, fans en fortir, fi-non pour aller avec toute fa Cour au tem-

G

ple dedié au ciel, felon la coûtume obfervée de tout temps
en femblables occafions dans
la Chine, y demander la pluye
par des prieres & des facrifi-
ces publics, qu'il offre au vray
Seigneur du ciel & de la terre ; en cela beaucoup plus
éclairé que la plufpart des fça-
vans Chinois d'aujourd'huy ,
qui ayant degeneré en ce
point fondamental de la Religion de leurs anceftres, ainfi qu'en plufieurs autres, n'a-
dorent plus à prefent que le
ciel materiel, au lieu de cette
intelligence fouveraine, qui
le gouverne avec une puiffan-
ce, une fageffe & une bonté
infinie.

Lorſque ce Prince viſite
ſes Provinces, comme il fait
de temps en temps, pour
prendre connoiſſance de l'é-
tat où ſe trouve ſon peu-
ple, & de la maniere dont
les Officiers le gouvernent,
il a coûtume de prendre un
certain air affable & plein de
bonté, permettant aux moindres artiſans & aux païſans
même de l'approcher. Il leur
parle avec une douceur qui
les charme ; & parmy les diverſes queſtions qu'il leur fait
ordinairement, il ne manque
gueres de leur demander, s'ils
ſont contents des Mandarins
qui les gouvernent. Que ſi
l'on fait des plaintes de quel-

que Mandarin ; à coup ſeur il perd au moins ſa charge ; au lieu que ſi le peuple en rend un témoignage avantatageux, rien n'eſt plus propre à le faire avancer.

Il y a environ ſept ans que l'Empereur alla vers les Provinces du midy, & paſſa par Houï-ngan qui eſt une groſſe Ville de la Province de Nan-King & le lieu de la réſidence du Tſong-ho ou Surintendant général de toutes les eaux, rivieres & canaux de l'Empire, qui eſt la plus conſiderable de toutes les charges qui ſont hors de la Cour. Le peuple de cette Ville ayant preſenté une requeſte à Sa

Majesté en faveur du Tsong-
ho, qui venoit d'estre cassé &
condamné à une autre grof-
se péine, sur ce qu'on l'avoit
accusé de malversation dans
sa charge, l'Empereur lût
cette requeste, qui étoit toute à la louange de ce Mandarin, & sans faire d'autres
informations, il le rétablit
sur le champ dans le même
emploi, dont il venoit d'ê-
tre dépoüillé, donnant à connoître par là, que rien ne
pouvoit faire un meilleur effet dans son esprit pour les
Mandarins, que de traiter
le peuple de maniere, qu'ils
en fussent regardez comme
les Peres.

G iij

Quoyque l'Empereur de la Chine foit fans contredit le Prince du monde le plus puiffant, foit pour les trefors immenfes dont il difpofe, foit pour l'abondance & la vafte étenduë de fes Eftats; il eft extrémement éloigné du luxe dans tout ce qui fert precifement à fa perfonne. En cela rigide obfervateur d'une des loix fondamentales de la Monarchie; qui condamne dans les grands & même dans le Souverain, toute forte de dépenfes extraordinaires, qui n'ont pas pour objet l'utilité publique.

Ce n'eft pas que les dépenfes de fa maifon ne furpaſſent de beaucoup celles des Cours les plus magnifi- ques de l'Europe, à cauſe de la multitude innombrable d'Officiers & de bouches qui tirent leur ſubſiſtance du Pa- lais. Mais pour tout ce qui le regarde en particulier, c'eſt une frugalité & une modeſ- tie ſans exemple. Sa table eſt à la verité ſervie, comme il eſt convenable à un grand Prince, beaucoup de vaiſſel- le d'or & d'argent, ſelon les idées & la maniere du pays: mais dans tout ce qui n'eſt point reglé par la coûtume, il n'y recherche aucune dé- licateſſe ; il ſe contente des meſts les plus ordinaires ; &

G iiij

il n'a jamais fçû ce que c'é-
toit que de faire le moindre
excez en cette matiere, ètant
fobre au-delà de ce qui fe peut
imaginer.

L'enceinte de fon Palais
eft vafte, comme celle d'u-
ne bonne Ville, & à voir la
grandeur & la multitude de
fes édifices tous couverts d'u-
ne efpece de tuile verniftéé
de couleur d'or, qui fait un
aftez bel effet à la vûë, on
peut aifément juger que c'eft
là la demeure d'un grand
Monarque. Pour ce qui eft
du dedans & des apparte-
mens, même de ceux où lo-
ge l'Empereur, excepté quelques peintures & quelques do-

rures avec des étoffes de soye
assez simples qui ne sont
point épargnées, parce qu'elles sont fort communes à la
Chine, la netteté & la pro-
preté en font presque tout
l'ornement.

Il a fait bastir une maison
de plaisance à 2. lieuës de Pé-
king, dont il fait ses délices, & où il demeure une
bonne partie de l'année. A la
reserve de deux grands bas-
sins & de quelques canaux,
qu'il y a fait creuser, il n'y
a rien, qui ressente la magnificence d'un aussi riche
& aussi puissant Monarque.
Tout y est extrémement propre à la verité : mais soit pour

les édifices, soit pour les Jardins, soit pour la disposition
du terrain, elle est assurément beaucoup inferieure à
plusieurs maisons de plaisance, appartenantes à des Seigneurs particuliers, qu'on
voit aux environs de Paris.

Son amour pour la modes-
tie se remarque jusques dans
ses habits, & dans tout ce
qui sert à son usage : Car
pour ce qui est des habits
qu'il porte, excepté quelques
fourures de Martres Zibe-
lines, & d'Hermine, qui sont
fort ordinaires en cette Cour,
& dont il use durant l'hyver,
le reste n'est fait que de soye
fort simple & si commune

dans la Chine, qu'il n'y a que le petit peuple qui n'en porte point. Pendant les jours de pluye, on le voit quelque-fois couvert d'une casaque de laine foulée, qui passe à la Chine pour un habillement grossier. D'autres fois pendant l'esté nous l'avons rencontré vêtu d'une simple ves-te faite d'une espece de toile d'ortie, dont les gens du commun se servent dans leur maison. Hors les jours de cérémonie tout ce que nous avons remarqué de riche sur sa personne est une grosse perle qu'il porte durant l'esté sur le bord de son bonnet, se-lon la coûtume des Tartares.

La chaize qui ſert à le porter, ſoit dedans, ſoit dehors
le Palais, lors qu'il ne monte pas à cheval, n'eſt qu'une
eſpece de brancard, d'un ſim-
ple bois verniſſé, garni en
quelques endroits de plaques
de cuivre ou de quelques ouvrages de ſculpture de bois
doré. Quand il ſort à cheval, c'eſt à peu prés la même choſe. La magnificence
des harnois des chevaux, qu'il
monte, conſiſte ſeulement
en des eſtriers de fer doré
aſſez proprement, & en ce
que les reſnes de la bride
ſont de ſoye jaune.

En un mot dans tout ce
qui l'environne, on ne void
rien

rien qui reſſente ce faſte pom-
peux & ce luxe que tous les
autres Princes de l'Aſie affec-
tent de traîner par tout où
ils ſe montrent. Et l'on peut
dire qu'il eſt bien perſuadé,
que l'éclat & la vraye grandeur des Princes, ſe doit
moins emprunter de la pompe exterieure, que du luſtre
de leurs vertus. En effet ſes
treſors eſtant auſſi remplis
d'or & d'argent, qu'ils le ſont,
& ſon Empire tres-abondant
en toutes ſortes de choſes;
d'ailleurs les Chinois eſtant
d'eux-mêmes tres-induſtri-
eux dans toutes ſortes d'ouvrages, auſquels ils s'appli-
quent, il luy ſeroit aiſe de

H

furpaffer autant les autres Princes d'Afie en pompe & en magnificence, que fon Empire furpaffe leurs Eftats en grandeur & en richeffes.

Mais pour faire voir que ce n'eft pas par un efprit d'avarice, ou d'épargne fordide, qu'il néglige tout ce qui reffent la profufion & le luxe, dans les chofes qui font à fon ufage ; il fournit aux dépenfes de l'Eftat avec autant de liberalité & de magnificence, qu'il eft refervé pour les dépenfes particulieres. Les millions ne luy couftent rien, lors qu'il s'agit du bien de l'Empire. Il employe libéralement des fommes immen-

fes à réparer les édifices publics, à entretenir en bon
eſtat les rivieres, les canaux,
les ponts, les barques & les autres choſes ſemblables, qui
ſervent pour la commodité
du peuple & pour la facilité du commerce. Par là il
eſt aiſé de juger, que s'il ne
fait pas de dépenſe inutile
dans le particulier, ce n'eſt
que par une ſage œconomie,
& afin de conſerver l'argent
pour les veritables beſoins
de l'Empire, dont ce Prince
ſouhaite autant qu'on le regarde comme le pere, que
comme le maiſtre abſolu.

Il le montra d'une manie-
re bien éclatante il y a plus

de cinq ans. La pluſpart des gens de guerre, qui ſont en ſi grand nombre à Pé-king, étoient réduits à une grande pauvreté, par les dettes qu'ils avoient contractées peu à peu, & la meilleure partie de leur ſolde étoit employée à payer l'intereſt de l'argent qu'ils avoient emprunté. C'étoit aſſeurément la faute des ſoldats, ou de leurs péres ; car la paye qu'on leur donne exactement chaque mois, eſt fort groſſe : & quand ils ſe vinrent établir à Pé-king, on leur fournit à tous des maiſons, des terres, & des eſclaves, pour vivre honorablement ſelon leur condition.

Aussi - tost que l'Empereur sçut l'état où ils se trouvoient, il fut touché de leur misere; & aprés avoir examiné à combien montoient toutes les dettes des cavaliers , soit simples soldats, soit gendarmes, y compris les dixeniers, il les fit payer toutes de l'argent du tresor, quoy qu'elles montassent à plus de seize millions de livres.

Pour rémédier en méme temps efficacement par l'avenir, il deffendit qu'aucun particulier ne prestât de l'argent aux soldats sur leur paye, sous peine de perdre la dette ; mais afin de pourvoir aussi à leurs necessitez extraordi-

naires, il ordonna, que quand
quelques-uns auroient un veritable besoin, on leur avan-
ceroit des deniers publics,
jusqu'à une certaine somme,
qu'on déduiroit ensuite peu
à peu sur leur paye, sans prendre ces gros interests que l'on
a coûtume de prendre à Pé-
king, pour l'argent presté.

On luy remontra dans ce
même temps que parmi les
Hiâ, ou Mandarins ordinaires de sa garde, qui sont au
nombre de sept à huit cens,
& parmy les autres officiers
de sa maison il y en avoir plusieurs fort oberés. L'Empereur ordonna que l'on don-
nast huit cens livres à chacun

des Mandarins de fa maifon,
qui avoient des dettes audef-
fus de ce qu'ils en pouvoient
payer, en vivant felon leur
eftat : il en fit donner quatre
cens à ceux des autres moindres officiers, qui le fuivent
ordinairement dans fes voyages, foit de plaifir, foit de
neceffité : mais il voulut qu'on
prift le fond, pour payer ces
fommes, qui alloient à plus
de deux millions, du trefor
particulier de fa maifon, parce qu'il n'eftoit pas jufte, di-
foit-il, de payer des deniers
de l'Empire des dettes contractées à fon fervice particulier.

A l'occafion de cette libé-

ralité de l'Empereur, il s'é-
leva une espece de sedition
entre ceux des cavaliers, qui
n'y avoient point eû de part,
parce qu'estant esclaves, ils
n'avoient point de dettes. Il
y a un assez grand nombre
de ces cavaliers au service
des Tartares, qui de la paye
qu'on leur donne, tirent une
partie de la subsistance de
leur famille. Ces esclaves s'é-
tant donc assemblez au nombre de quatre à cinq mille au
Palais, pour demander à l'Empereur, qu'on leur fît aussi
quelque gratification; comme il ne se trouva personne
qui voulût se charger de presenter leur requeste, ils de-

meurerent longtemps dans la
grande cour du Palais à genoux, la tête découverte, en
posture de supplians. Ensuite ayant sçû que l'Empereur
se promenoit dans le jardin,
qui est derriere le Palais, ils
l'environnerent tous ensemble, & se mirent à demander
à hauts cris, qu'on leur don-
naft auffi quelque récōpense;
qu'ils étoient auffi bien soldats que les autres ; qu'ils ser-
voient & qu'ils payoient de
leurs personnes comme eux
dans l'occasion. L'Empereur
fit d'abord semblant de ne
les point entendre. On vint
quelque temps aprés l'avertir que huit des plus hardis

avoient forcé la premiere porte du jardin malgré les gardes, qui n'avoient pas pû leur reſiſter. Alors l'Empereur fit arrêter ces huit ſoldats, qui étoient comme les chefs de cette émeute, & ordonna qu'on chaſſaſt les autres à coups de foüets & de baſtons ; de ſorte que cette multitude fut en un inſtant diſſipée.

Mais ſa Majeſté montra dans cette rencontre, qu'il ne vouloit pas qu'on abuſaſt de ſa bonté, & que s'il avoit de l'affection & de la tendreſſe pour les ſoldats, il avoit auſſi de la fermeté pour punir les inſolens. Il envoya en effet ces huit mutins au Tribunal des crimes avec ordre qu'on leur fit inceſſamment leurs procés, & à leurs maiſtres, ſelon la coûtume des Tartares, qui eſt de punir les maiſtres, quand leurs eſclaves font des fautes, afin de les obliger à les tenir dans le devoir. Dés le lendemain matin ils furent tous huit condamnez à mort; & leurs maîtres à un exil perpetuel dans la Tartarie. Mais l'Empereur adoucit la ſentence, & ſe contenta de la ratifier à l'égard de celuy, qui s'étoit fait le chef de cette entrepriſe; il fut décollé dés le jour même avant midy; & ſon maiſtre qui étoit

un Mandarin de la garde même de l'Empereur, perdit sa
charge, & fut envoyé en é-
xil dans le fond de la Tartarie.

Les sept autres soldats furent seulement condamnez
à recevoir cent coups de
foüets; & a porter pendant
trois mois la cangue * au col,
à une des portes de la ville.

Pour leurs maistres l'Em-
pereur leur pardonna aussi
bien qu'à tous les autres soldats & à tous les principaux
officiers de la milice , qui

* *La Cangue des Chinois est composée de deux
aix fort pesans , échancrez vers le milieu de leur
union , pour serrer le col des criminels ; cet instru-
ment peut avoir environ trois pieds eu quarré &
est du poids de soixante à quatre-vingt livres,*

s'étoient

s'étoient venus accuser eux-mêmes, de n'avoir sçû empêcher & prévenir le dessein de leurs esclaves, ils avoient même presenté une requête, par laquelle ils demandoient pardon à sa Majesté de cette faute & se soumettoient à tel châtiment qu'il luy plairoit d'ordonner pour l'expier. C'est ainsi que ce Prince mêlant la fermeté à la douceur, sçait se faire aimer & craindre de ses sujets & retenir chacun dans le devoir.

Comme il est extrémement ennemy de la vie molle, & qu'il aime la fatigue sans s'épargner en toutes occasions, aussi n'oublie-t-il rien pour empêcher que ſes gens, principalement les Tartares Mantchéou ne ſe laiſſent corrompre par les délices de la Chine. Il n'ignore pas que s'ils s'abandonnoient une fois à la vie douce des Chinois, il leur ſeroit bien difficile de conſerver l'Empire, qu'ils ont conquis avec une poignée de gens, parce qu'ils étoient endurcis au travail & qu'ils avoient à combattre des gens mols & effeminez. C'eſt pour cela que l'Empereur extrémement politique, n'envoye que le moins qu'il peut de ces Tartares dans les Provinces du midy, pour y être Mandarins, & qu'il n'y laiſſe pas demeurer longtems ceux que la neceſſité l'oblige d'y envoyer : car c'eſt principalement dans ces Provinces là que regne la moleſſe. C'eſt auſſi principalement pour cette raiſon qu'il aime la chaſſe, & qu'il fait tous les ans un ou deux voyages dans les montagnes de Tartarie.

Alors ſes gardes, les officiers de ſa maiſon, les grands de la Cour, les principaux officiers de ſes troupes avec une partie de la milice de Péking, pluſieurs Mandarins de tous les Tribunaux, par leur eſtat & par le devoir de leurs charges, vont au moins tour à tour à la ſuite de l'Empereur. Quelque part où il aille ils font tous obligez de fatiguer à l'exemple de fa Majefté, qui affecte toûjours de s'épargner moins que perfonne. Dans ces voyages il eft en habit de campagne fort fimple; il paffe les journées entieres à cheval, courant fans ceffe dans les montagnes & dans les forefts, tirant continuellement de l'arc aprés le gibier, jufqu'à laffer ordinairement en un jour neuf ou dix chevaux; il marche même fouvent à pied & pendant un tems confiderable quand il eft néceffaire.

Lors qu'il revient le foir dans fa tente, au lieu de fonger à se repoſer, il expédie toutes les affaires, comme s'il étoit à Pé-king. Il voit les placets, il depêche les requê-tes, & termine tout ſans rien differer à un autre temps, veillant pour cela fort ſou-vent juſques bien avant dans la nuit, & reprenant ſur ſon ſommeil le temps qu'il don-ne au divertiſſement de la chaſſe. Il mene au reſte cette vie là non pas quatre ou cinq jours, mais deux & trois mois de ſuite, ſouvent ſans pren-dre un ou deux jours de re-lâche.

Le Pere Gerbillon, qu'il mene avec luy dans ſes voya-ges plus ordinairement que

les autres Jesuites, l'a souvent vû tout couvert de pouf-
siere & de sueur continuer sa
chasse jusqu'à ce qu'on fust
arrivé au lieu déterminé, sans
se mettre en peine de changer d'habit ; il l'a vû d'autrefois demeurer pendāt plusieurs heures de suite assis à
un Soleil tres-ardent, sans
vouloir se servir de parassol,
quoi qu'on en porte toûjours
plusieurs à sa suite.

J'ay ouy dire à un autre
Jesuite que dans un voyage
où il suivit l'Empereur avec
sa Cour, ce Prince s'étoit a-
vancé fort loing au-delà de
Pé-king en des lieux où il
n'étoit pas aisé à ses officiers

de faire venir des rafraîchif-
femens, de forte qu'ils étoient
prefque tous réduits à fe contenter de ne manger que du
bœuf & du mouton, qui ne
manque jamais dans la Tartarie. L'Empereur pour montrer, qu'il ne vouloit pas fe
traiter plus délicatement que
les autres, ordonna que l'on
ne luy ferviroit auffi que de
ces deux fortes de viandes,
tandis qu'il n'en viendroit
point d'autre au camp, pour
les gens de fa fuite.

C'eft auffi par ce même
principe qu'il marque une
bienveillance particuliere à
tous ceux, qu'il voir fatiguer volontiers, & ne s'é-
I iiij

pargner pas dans l'occaſion, & qu'au contraire il ne manque guéres de mortifier ceux qu'il voit trop attachez à chercher leurs aiſes. De peur que les enfans des grands de ſa Cour & des Mandarins les plus riches & les plus conſiderables d'entre les Tartares, & les Chinois Tartariſez, c'eſt à dire rangez ſous l'étendart des Tartares, ne ſe laiſſent aller à la moleſſe & au luxe, il a pris la coûtume d'en appliquer la pluſpart aux offices les plus fatigans & les plus pénibles.

Dés qu'ils ſont en âge de ſervir, il donne aux uns le ſoin de dreſſer des chiens &

de les mener en lesse durant
le temps de la chasse, aux
autres celuy d'élever des oi-
seaux de proye & de les porter sur le poing à sa suite ;
il applique ceux - cy à faire
préparer eux-mêmes les viandes & le Thé de sa bouche,
& de le servir à table ; ceux-
là à faire des arcs & des fléches, & à porter celles dont
il se sert luy & les Princes
ses enfans. Ceux qui sont les
plus considerez & traitez le
plus favorablement sont pla-
cez parmi les Mandarins de sa
garde, qui menent aussi une
vie fatigante, car ils sont obligez de monter la garde de
jour & de nuit, au moins

de six jours l'un, d'aller tous les jours au Palais dés le grand matin, & de suivre l'Empereur dans tous ses voyages.

Comme leurs parens sont riches; ils ont dequoy fournir à la dépense de ces voyages, qui est grande, & qui ruïneroit à la longue des gens d'une fortune mediocre à cause de la multitude de chevaux & de domestiques qu'il faut mener dans les lieux de chasse, où il n'y a aucune habitation, & où il faut porter generalement toutes les choses necessaires à la vie. Outre que ces jeunes gens se font à la fatigue dans ces emplois, l'Empereur en re-

tire encore cet avantage, qu'il
éprouve leur capacité ; & il
n'avance aux grandes charges de l'Empire , que ceux
qu'il en a reconnu dignes.

Avec toutes ces grandes
qualités , qui chez les autres
Nations suffiroient pour mettre ce Prince au rang des
Héros , parmy les Chinois
où les charges & les dignitez
se donnent au mérite qu'on
s'est acquis par la voye des
lettres ; il ne passeroit pas
comme il fait avec justice,
pour un des grands Empe-
reurs qu'ait jamais eû leur
Monarchie , s'il ne s'étoit
distingué dans ce genre ,
aussi-bien que dans tout le

reſte. Ce fut ſans doute pour ſe conformer en cela au génie de ſa nation, qu'il s'appliqua d'abord de telle ſorte à l'étude des lettres & des ſciences Chinoiſes, qu'il y a peu de bons Livres en cette langue-là, qu'il n'ait lûs.

Il ſcait par cœur une bonne partie des ouvrages de Confucius, ou des livres originaux, que les Chinois révérent comme leurs Livres ſacrez. Afin même de les mieux entendre, il en a fait faire des commentaires exprés pour luy en Chinois & en Tartare, par les plus habiles Docteurs de ſon Empire, dont pluſieurs ont eſté occu-

pez

pez pendant dix ou douze années, à compoſer ces ouvrages, & en même temps à les luy expliquer ; & pour montrer l'eſtime qu'il fait de la doctrine de ces anciens Maîtres de la Chine, il a compoſé luy-même des préfaces pour mettre à la tête de ces Commentaires, & les faire imprimer en ſon nom.

Il a auſſi fait traduire en Tartare l'Hiſtoire univerſelle de la Monarchie ; & n'étant pas content d'une premiere traduction, qui ne luy paroiſſoit pas aſſez étenduë, ni aſſez nette, il en a fait faire une deuxiéme beaucoup plus ample avec des notes, pour

K

expliquer les endroits les plus difficiles. Il poſſede ſi bien toute cette Hiſtoire, toute é-tenduë qu'elle eſt, qu'il eſt difficile d'en citer quelques traits, dont il ne ſe ſouvienne auſſi-toſt.

Nous en vîmes il y a plus de ſix ans une preuve bien remarquable. Ce Prince a-voit ordonné qu'on fit un éloge pour le faire graver ſur le tombeau de ſon oncle ma-ternel, qui venoit d'être tué dans une bataille donnée en Tartarie contre le Roy d'E-luth, Prince d'un canton de la Tartarie occidentale, qui s'étoit avancé vers la fron-tiere de ſon Empire, avec

un corps d'armée. Le Doc-
teur, qu'on choisit pour faire
cet éloge, & qui étoit un
des principaux du College
Imperial, fît, par je ne sçay
quelle erreur, une comparaison de cet oncle de l'Em-
pereur avec un General d'armée, qui à la verité avoit
été brave & grand Capitai-
ne ; mais qui, outre d'autres
mauvaises qualitez , avoit
manqué de fidelité à son
Prince. Comme l'éloge étoit
au reste bien fait, il fut approuvé de tous les Docteurs,
qui en furent les Reviseurs ,
& même du President du
College, qui étant aussi premier President du Tribunal

des Rites, le presenta à l'Empereur, lequel veut tout examiner par luy-même.

Mais ce qui avoit échappé à tant de Docteurs, qui passent pour les Oracles des sciences Chinoises, & qui de profession doivent être particulierement versez dans l'histoire, fut aussi-tôt apperçû de l'Empereur. Ce Prince se souvenant plus distinctement qu'eux tous, des défauts de ce General d'armée, qui vivoit il y a quelques deux mille ans ; & voyant que la comparaison, qu'on en faisoit avec son oncle, étoit moins propre à faire honorer sa memoire, qu'à la dé-

crier à la posterité ; aprés a-
voir fait examiner l'affaire,
pour punition de cette négligence ; le Docteur, qui avoit
fait l'éloge, fut envoyé dés le
lendemain en exil dans la Province de Léao - tong , & le
Président, qui avoit laissé passer cette comparaison, .per-
dit sa Charge.

L'Empereur est aussi fort
versé dans l'Eloquéce & dans
la Poësie Chinoise , & juge
tres-bien de toutes les compositions , qui se font dans
les deux langues. Il écrit po-
liment en Tartare & en Chinois , & parle l'un & l'autre mieux qu'aucun Seigneur
de sa Cour. En un mot il n'y

a point de genre de litera-
ture à la Chine, où il ne ſoit
habile. Auſſi a-t'il un grand
ſoin de faire pourvoir ſa Bi-
bliothéque, de tout ce qu'il
y a de bons livres dans ſes
eſtats. Pluſieurs perſonnes in-
telligentes ſont chargées du
ſoin d'en faire une recherche
éxacte. Il veut bien prendre
la peine de voir luy-même
ceux que ces gens-là trouvent, & d'en faire le choix.
Outre cela il a des gens habiles continuellement occupez à traduire les meilleurs
livres Chinois en Tartare:
ce qui enrichit extrémement
cette langue, & facilite beaucoup l'intelligence des bons

livres Chinois, fur tout aux
Tartares Moantchéou, dont
la plufpart, peu verfez qu'ils
font dans les lettres de la Chine, ne pourroient guéres au-
trement les entendre : avantage qui leur eft commun a-
vec ceux des Miffionnaires,
qui apprennent cette langue;
& qui par la grande facilité
qu'ils y trouvent, tant pour
l'écriture que pour le langage, en comparaifon de la
langue Chinoife, fe trou-
vent en fort peu de temps
en état de profiter par cette
voye des livres Chinois, qu'ils
ne pourroient entendre qu'-
imparfaitement, même aprés
plufieurs années d'eftude des

lettres de cette nation.

Ce n'eſt pas ſeulement aux ſciences de la Chine, que ce Prince s'eſt appliqué. Comme il a naturellement le goût des bonnes choſes, dés qu'il a eû quelque connoiſſance des ſciences de l'Europe, il a montré beaucoup de paſſion pour les apprendre. La premiere connoiſſance qu'il en eut, fut, ainſi qu'il nous l'a raconté luy-même, à l'occaſion du different, que l'impie Yang-quang-ſien auteur de la derniere perſécution dans la Chine, eut avec le Pere Ferdinand Verbieſt Jeſuite. Il s'agiſſoit de l'Aſtronomie Chinoiſe, que cet Im-

posteur soûtenoit estre tres-
juste, & n'avoir nul besoin
d'estre reformée par l'Européane : quoy qu'il fût également ignorant dans l'une
& dans l'autre. Il étoit néanmoins Président du Tribu-
nal des Mathématiques; mais
il n'avoit obtenu cette charge que comme une récom-
pense de son faux zéle, pour
les coûtumes & la Religion
de son pays contre la Religion Chrêtienne, & contre
ses ministres, qu'il avoit en-
trepris de perdre.

La pluspart des grands
Mandarins de la Cour igno-
rans dans ces matieres, & pré-
venus en faveur de leur na-

tion ; presque tous ceux aussi
du Tribunal des Mathéma-
tiques jaloux de leur reputation, & honteux de se voir
redressez par des Etrangers,
prirent hautement le party
d'Yang-quang-sien. Il n'y a-
voit que quelques personnes
de crédit & dés-interessées,
qui publioient par tout, que
les calculs des Ephémérides,
que faisoient les Peres Européans se trouvoient toûjours
conformes aux observations;
& qu'au contraire les calculs
que faisoient les Chinois selon les regles de leur Astronomie, se trouvoient toû-
jours defectueux.

L'Empereur alors âgé seu-

lement de seize à dix - sept
ans, fut fortement pressé par
une Assemblée générale de
tous les Tribunaux faite exprés, de porter un Arrêt dé-
cisif pour l'Astronomie Chinoise ; mais tout jeune qu'il
estoit , il voulut s'éclaircir
par luy - même de la verité : & pour fermer la bouche à ceux qui véritable-
ment avoient tort, il de-
manda publiquement au P.
Verbiest & à Yang-quang-
sien, qui avoient été appel-
lez tous deux dans l'Assemblée, pour y être interrogez,
s'ils ne pourroient pas faire
voir quelqu'épreuve sensi-
ble, par laquelle, on pust

juger à l'œil, laquelle des eux Aſtronomies eſtoit la plus juſte. Yang-quang-ſien ne répondant rien, le Pere Verbieſt s'aviſa de propoſer, que ſa Majeſté leur fit donner un ſtyle de telle hauteur qu'il luy plairoit ; que luy & Yang-quang-ſien détermineroient chacun juſqu'à quel endroit préciſément l'ombre du ſtyle a rriveroit le lendemain à midi. L'Empereur trouvant cette propoſition plauſible, l'agréa, & ayant determiné un ſtyle, le Pere Verbieſt en calcula l'ombre & marqua l'endroit où elle devoit préciſément arriver le lendemain à midy.

Le

Le calcul se trouva tout à fait conforme à l'événement : & Yang-quang-sien de son côté, n'ayant pû le calculer, ni faire voir aucune preuve de son sçavoir ; l'Empereur prononça en faveur de l'Astronomie Européane.

Il fit encore éprouver plusieurs fois, laquelle des deux regles calculoit le plus juste les Ephemerides & les Eclipses, à l'observation desquelles sa Majesté faisoit assister, non seulement les Mandarins du Tribunal des Rites, mais encore d'autres grands de la Cour & des gens de confiance, dont il estoit assuré, qu'ils luy feroient un

L

fidéle rapport de ce qui feroit arrivé. Enfuite ayant fçû que toutes les obfervations répondoient tres-jufte aux calculs faits felon la regle Européane, il ordonna qu'on la fuivit à l'avenir, ainfi qu'elle avoit efté mife en Chinois par le Pere Adam Schall fous le regne de l'Empereur fon pere, ce qui s'eft toûjours obfervé depuis, & s'obferve encore aujourd'huy.

La connoiffance que l'Empereur commença d'avoir à cette occafion des Jefuites miffionnaires, luy fit naiftre dés ce temps-là l'envie d'apprendre les Mathématiques, qu'on fçait affez être fort eftimées à la Chine. Quoiqu'il fuſt alors dans un âge , où les Grands & les Princes ne ſongent ordinairement à rien moins, qu'à s'appliquer à l'eſtude ; il s'y appliqua cependant deux années de ſuite avec tant de ſoin, qu'il y donnoit preſque tout le temps qui luy reſtoit de ſes autres occupations reglées, & qu'il faiſoit ſon plus grand divertiſſement de cette eſtude.

Le Pere Verbieſt luy expliqua pendant ces deux années là les uſages des principaux Inſtrumens de Mathématique, & ce qu'il y a de plus curieux & de plus facile à entendre dans la Géometrie, dans la Statique & dans l'Aſtronomie, faiſant des livres exprés ſur les matieres les plus intelligibles. Ce fut auſſi vers ce temps là qu'il voulut apprendre les principes de nôtre Muſique, ſe ſervant pour cet effet du Pere Pereyra, qui luy compoſa alors un ouvrage en Chinois ſur cette matiere, & luy fit faire divers inſtrumens de Muſique, ſur leſquels il luy apprit même à toucher quelques airs

Ces premieres eſtudes ne furent interrompuës que par les guerres civiles, qui s'éleverent alors dans ſon Empire. Il ne laiſſa pas cependant de cultiver ce qu'il avoit ap-

pris, autant que luy permirent
les occupations continuelles,
que luy donnerent les grandes & facheuses revolutions,
qui arriverent depuis ce tems
là. Mais enfin se trouvant dé-
livré de tous les embarras de
la guerre; & tous ses sujets,
tant de la Tartarie que de la
Chine, joüissant de cette paix
profonde, dont ils joüissent à
present, par la paix qu'il fit
heureusement conclure avec
les Moscovites, il y a environ huit ans, il commen-
ça à s'apliquer avec plus d'ardeur que jamais à l'étude des
sciences d'Europe.

Il nous fit l'honneur à quatre Jesuites, qui étions alors

à Pé-king, de nous employer à les luy expliquer les uns en langue Chinoiſe, & les autres en langue Tartare ; mais comme la langue Tartare eſt beaucoup plus aiſée & plus nette que la Chinoiſe ; l'Empereur ayant ſçû que le Pere Gerbillon & moy, aprés ſept ou 8. mois d'eſtude, y avions déja fait aſſez de progrés, pour nous faire entendre raiſonnablement, il voulut bien ſe ſervir de nous deux pour luy expliquer nos ſciences en cette langue. Pour nous y perfectioner, davantage pendant un mois il nous donna des maiſtres, dont nous allions tous les jours prendre les leçons au Tribunal des Grands-maiftres de fon Palais. Dans ce même temps là le Pere Antoine Thomas luy expliquoit en Chinois l'ufage des principaux Inftrumens de Mathématique & les pratiques de Géometrie & d'Arithmétique, que le Pere Verbieft luy avoit autrefois enfeignées. Il nous ordonna d'abord de luy expliquer en Tartare les Elemens d'Euclide, qu'il avoit toûjours défiré d'apprendre, voulant fçavoir les chofes à fond, comme les maiftres.

Pour le faire plus commodément, il nous fit donner un de fes propres Appartemens, où l'Empereur son pere a autrefois demeuré, & oû il mangeoit luy-même, & passoit une partie de la journée avant que nous y fussions. Il ordonna ensuite qu'on y fournît à tous nos besoins ; descendant pour cela dans un détail, qui nous surprit. Il donna ordre qu'on nous amenast tous les jours de grand matin des chevaux de son écurie, pour nous porter au Palais, & nous rapporter le soir à nôtre maison. Il nomma deux Mandarins de sa maison habiles dans les deux langues, pour nous aider à préparer nos compositions, & des Ecrivains pour les mettre au net. Tous les jours il nous apelloit pour les luy expliquer de vive voix. Il paſſoit avec nous les heures entieres à écouter ces explications, à les repeter, à faire luy-même les figures , & à nous propoſer les doutes qui luy ſurvenoient. Nous luy laiſſions enſuite nos compoſitions , qu'il reliſoit en ſon particulier. Il s'exerçoit en même temps dans les calculs & dans l'uſage des Inſtrumens, & repaſſoit ſouvent ſur les propoſitions d'Euclide les plus importantes, afin d'en mieux retenir les demonſtrations : de maniere que dans cinq ou ſix mois de

temps, il fe rendit les Elemens de Géometrie fi fami-
liers, qu'il eftoit difficile de
luy montrer une figure, qui
eût rapport à quelque propofition de ces Elemens, qu'il
ne fe fouvint auffi-toft de la
propofition & de la demonf-
tration. Auffi, nous dit-il
un jour, qu'il croyoit les avoir
lûs plus de douze fois d'un
bout à l'autre. Nous les luy
avions compofez en Tartare,
& nous y avions mis toutes
les propofitions neceffaires &
utiles, qui font dans les livres
d'Euclide & d'Archimede,
avec leurs demonftrations.
Outre cela il fe remît parfaitement en mémoire toutes

les pratiques du Compas de
proportion, & les ufages des
principaux inftrumens de
Mathématique, & plufieurs
autres pratiques de Géometrie & d'Arithmetique.

Il s'appliquoit avec une
attention & un foin incroyable à cette eftude, fans fe re-
buter ny des difficultez épi-
neufes, qui fe trouvent dans
ces Elemens, ny du peu de
politeffe de noftre langage.
S'il rencontroit quelque dé-
monftration, qu'il ne com-
prift pas bien à la premiere
explication; foit que la matiere fut d'elle-même embar-
raffée; ou pluftoft, parce que
nous n'avions pas cette liber-

té de langage, qui étoit ne-
cessaire pour expliquer nette-
ment nôtre pensée : il ne
faisoit pas difficulté de demander deux ou trois fois,
tantost à l'un, tantost à l'autre, la maniere dont la chose devoit s'entendre : & s'il
arrivoit quelquefois que nous
n'eussions pas le bonheur de
luy faire comprendre bien
clairement ce que nous vou-
lions, il remettoit à un autre jour à en demander l'explication. Il l'écoutoit avec
une patience & une attention
admirable. Aussi, nous dit-
il un jour à ce propos, en
parlant de luy-même, qu'il
n'avoit jamais eu de peine à
ufer

uſer de patience dans les choſes qui en demandoient ; &
que dés ſon enfance dans
toutes les occupations qu'il
s'étoit preſcrites, il s'y eſtoit
toûjours employé avec application & avec conſtance.

Aprés avoir bien appris les
Elemens de Géometrie, il
voulut que nous luy compo-
ſaſſions encore en Tartare,
un corps de Géometrie pratique, avec toute la Théo-
rie ; & que nous la luy ex-
pliquaſſions, comme nous
avions fait les Elemens. En
même temps il ordonna auſſi
au Pere Thomas, de luy faire
en Chinois, un corps de calculs d'Arithmétique & de

M

Géometrie, qui renfermât ce qu'il y a de problemes plus curieux dans les Livres Européans & Chinois, qui traittent de ces matieres.

Il prenoit tant de plaisir à l'estude de cette science, qu'outre les deux ou trois heures, qu'il passoit régulierement chaque jour avec nous, il y employoit encore beaucoup de temps en son particulier tant le jour, que la nuit. Car encore que ce Prince ennemy de la vie molle, & de l'oisiveté, se couche ordinairement fort tard, il ne laisse pas de se lever de grand matin ; en sorte que quelque diligence que nous

fiſſions, pour nous rendre au
Palais de bonne heure, il arrivoit ſouvent qu'avant que
nous y fuſſions rendus , il
nous avoit déja envoyé chercher, tantôt pour faire examiner un calcul, qu'il avoit
fait , ou quelque probleme
nouveau : car il eſt ſurpre-
nant, comment il s'apliquoit
auſſi à chercher luy-même
des problemes nouveaux ſemblables à ceux qu'on luy a-
voit expliquez, faiſant tout
ſon divertiſſement de redui-
re en pratique ce qu'il appre-
noit de plus curieux dans la
Géometrie, & de s'exercer
dans le maniment des Inſtrumens de Mathématique.

M ij

Pour cet effet, outre tous ceux qu'on luy avoit autrefois offerts, ou à l'Empereur son pere, lesquels il fît soigneusement chercher, & dõt il voulut sçavoir distinctement tous les usages ; il en fit faire encore plusieurs autres de toutes sortes. Ayant donné ce soin là au P. Preyra & au P. Suarez , qui par la grande application qu'ils y aporterent, donnerent beaucoup de satisfaction à sa Majesté. Nous ne manquâmes pas dans ce temps-là de luy offrir tout ce que nous en avions dans nôtre maison, qui fussent propres pour son usage ; parmy lesquels il se trou-

va un beau & grand Demi-
cercle avec des lunettes pour
Allidades, propre pour les
operations de Géometrie, que
Mr. le Duc du Maine avoit
eû la bonté de nous don-
ner. Outre qu'il s'en servoit
ordinairement dans les jardins de son Palais ; il le faisoit porter par tout avec luy
dans ses voyages, sur le dos
d'un Mandarin de sa mai-
son, qui ne se trouvoit pas
moins honoré, qu'il estoit
incommodé du poids de ce
prétieux fardeau. Il s'en servoit tres-souvent pour mesu-
rer tantost la hauteur de
quelque montagne & tan-
tost la distance de quelques

endroits remarquables, & cela aux yeux de toute sa Cour,
qui estoit dans l'étonnement
de voir leur Empereur réus-
sir aussi-bien dans ces sortes
d'operations, que le P. Gerbillon Jesuite , qu'il avoit
coûtume de mener avec luy
dans tous ses voyages.

A nôtre arrivée , en-
tre plusieurs Instrumens de
Mathématique, nous luy a-
vions presenté deux Machines, où l'on voit les Eclipses du Soleil & de la Lune,
avec les differens aspects des
Planétes , pour plusieurs sié-
cles & pour tous les jours de
chaque année. Le public est
redevable de l'invention de

ces deux curieuses Machines aux sçavans de l'Academie Royale. L'Empereur nous ordonna de luy en expliquer les usages, avec la maniere de s'en servir, selon le Kalendrier Chinois. Il a fait placer ces deux Machines aux deux côtez de son trône dans le principal de ses Appartemens, où je les vis encore un jour avant mon départ, marque évidente de l'estime qu'il en fait. Dés lors il commença de former cette haute idée qu'il a à present, non seulement des Instrumens de Mathématique faits en France; mais encore de tous les ouvrages des beaux Arts, qui

en viennent, n'en ayant
point encore vû du genre
de ceux que nous luy avions
offert, qui luy eussent parû
plus propres & plus accomplis en toutes manieres.

Cette estime des Instru-
mens de Mathématique faits
en Europe, ayant bien-tost
passé de la personne de l'Empereur, aux Grands de sa
Cour; tous ceux qui nous
honorent de leurs bienveil-
lances, nous presserent fort
de leur en chercher; ne
croyant pas pouvoir faire
mieux leur Cour, qu'en of-
frant quelques-uns de ces
Instrumens à l'Empereur, qui
non content de recevoir tous

ceux qu'on luy prefentoit, en fit luy-même chercher chez ceux qui avoient efté Gouverneurs des Provinces maritimes.

Cela nous obligea d'écrire à nos trois compagnons les Peres de Fontenay, le Comte & Vifdelou, pour leur demander ceux de leurs Inftrumens qui étoient propres pour l'ufage de l'Empereur. Ces Peres nous ayant envoyé un grand Quart-de-nonante avec des lunettes pour Allidades, un grand eftuy de Mathématique, des Phofphores fecs & liquides & quelques autres curiofitez de cette nature; nous les pre-

ſentâmes de leur part à l'Empereur , qui les reçût avec
beaucoup de joye, & en fit
une eſtime tres-particuliere.

Mais ceux que ces Peres
preſenterent eux-mêmes à
leur arrivée ; lors que l'Empereur pour les avoir avec
nous auprés de ſa perſonne,
leur fit l'honneur de les appeller à ſa Cour, furent encore bien mieux reçûs de luy.
Parmi ces Inſtrumens ceux
qui luy plurent davantage à
cauſe de leur nouveauté, furent quelques Niveaux avec
deux Pendules à ſecondes
pour les Obſervations céleſ-
tes , dont ayant connu la
grande juſteſſe avec leurs uſa-

ges, il les fit placer dans sa
propre chambre. Et le Prince héritier de la Couronne,
qui ne montre pas moins d'inclination que son pere pour
ces sortes de choses, ayant
vû ces deux Pendules, char-
mé de leur extréme justesse,
fit paroistre en avoir une si
grande envie, que j'allay sur
le champ à nôtre maison luy
en querir une que j'avois, &
qui étoit l'unique qui nous
restoit, pour la luy presenter.
Il la reçût d'une maniere à ne
nous pas laisser lieu d'y avoir
aucun regret.

Quand nous eûmes ache-
vé d'expliquer à l'Empereur
toute la Géometrie pratique

& speculative, en suivant le même ordre, que nous avions gardé dans les Elemens ; ce Prince ravi d'estre devenu bon Géometre, nous témoigna une pleine satisfaction : & pour faire voir combien ces deux ouvrages estoient selon son goût, il les fit traduire l'un & l'autre du Tartare en Chinois. Il prit la peine de composer luy-même des Préfaces pour mettre à la teste de chacun : ensuite il les fit revoir pour être imprimez dans son Palais, puis rendus publics dans tout son Empire dans les deux langues, comme pour commencer par là l'execution du Projét qu'il avoit

voit formé, d'introduire toutes les Sciences d'Europe dans la Chine, & leur donner cours dans son Empire. Il commença dés-lors d'enseigner luy-même nos Elemens de Géometrie au troisiéme de ses enfans alors âgé de dix-sept ans, ayant remarqué dans ce jeune Prince, qui a d'ailleurs plusieurs autres excellentes qualitez, un génie tres-propre pour ces sortes de sciences.

Une aussi forte passion pour les Sciences, jointe à une aussi grande application à l'étude, qu'on ne peut assez loüer dans une personne particuliere, seroit peut-être à blâ

mer, pluftoft qu’à admirer,
dans un Prince qui a un auffi
grand Etat à gouverner, que
l’Empire de la Chine : mais
fi on fait reflexion au caractére & à l’état prefent de cette Nation, chez qui la Science a efté de tout temps la regle des Emplois; qui pourra
s’empêcher de regarder cette
paffion, & cette application
extréme aux Sciences, comme la conduite d’un excellent Politique, & d’une perfonne tres-habile dans l’Art
de regner? Il eft vray que depuis long-temps, hors la Phi-
lofophie Morale, dont on
fait aujourd’huy la principale eftude dans la Chine ; cette

Nation a extrémement né-
gligé toutes les autres Sciences, qui ayant esté possedées
d'ailleurs par leurs anciens
dans un tres-haut degré de
perfection, ont été sans doute le principe de ce Gouvernement heureux, dont ils
joüissoient autrefois. Et c'est
pour cette même raison, que
l'Empereur d'aujourd'huy as-
pirant à la remettre dans sa
premiere splendeur, n'a pû
mieux s'y prendre pour y ré-
ussir ; puis qu'en effet il n'y
a point de meilleur moyen,
pour faire refleurir les Sciences & les beaux Arts dans
son Empire, & consequem-
ment de rendre son Regne

N ij

heureux, que d'inſpirer à tous par ſon exemple, l'application, avec laquelle il les faut cultiver.

Aprés la Géometrie, l'Empereur voulut auſſi apprendre la Philoſophie. Pour cet effet, il nous ordonna encore à tous deux de luy en compoſer une en Tartare, en ſuivant la même méthode, que nous avions gardée dans la Géometrie, & qui luy avoit paru fort naturelle. Le ſuccés, qu'il avoit plû à Dieu de nous donner dans nos premiers travaux, nous fit ſouhaiter de réüſſir encore mieux dans celuy-cy. Nous le croyïons avec raiſon d'une

plus grande conſequence que tous les autres, n'y ayant point de moyen plus propre pour diſpoſer les eſprits, sur-tout des ſçavans Chinois, à recevoir les veritez de l'Evangile, qu'une Philoſophie bien faite. Et c'eſt ce qui nous obligea à redoubler noſtre application. Entre tous les Livres de Philoſophie an-ciens & modernes, que nous conſultâmes alors, n'en ayant trouvé aucun, qui nous pa-rût plus propre pour la fin que nous nous étions propo-ſée, que la Philoſophie an-cienne & moderne de Mr. Duhamel, de l'Academie Royale des Sçavans, à cau-

N iij

ſe de la ſolidité, de la netteté & de la pureté de la
Doctrine de cet excellentPhi-
loſophe, c'eſt une des principales ſources, où nous pui-
sâmes pour compoſer cet
Ouvrage.

Mais l'Empereur vers ce
temps-là ayant eſté attaqué
d'une maladie dangereuſe,
chacun s'attacha, & particulierement ſes Medecins, à luy
perſuader, quand il commença à ſe mieux porter, d'abandonner ſes eſtudes, comme
contraires au rétabliſſement
parfait de ſa ſanté. Cela fut
cauſe que ce Prince n'oſant
s'appliquer, comme auparavant, ne vit que fort ſuper-

ficiellement une courte Lo-
gique, que nous avions com-
poſée, pour ſervir d'introduc-
tion au Corps de la Philoſophie, dont nous luy avions
expoſé tout le Plan, dans une
ample Préface. C'eſt pour-
quoy, au lieu de travailler,
ſelon l'ordre, que nous nous
étions propoſé d'abord; pour
nous conformer davantage à
la diſpoſition preſente de
l'Empereur, & à l'inclination
particuliere que nous avions
remarquée en luy, de con-
noître la machine du corps
humain avec les raiſons de
ſes opérations, & de tous
ces mouvemens admirables,
qui s'y font; nous nous at-

N iiij

tachâmes à cette matiere, contre nôtre premier deſſein.

Mais parce que les Chinois, avec toute la belle reputation qu'ils ont, d'avoir depuis longtemps de tres-habiles Medecins, n'ont à preſent qu'une connoiſſance tres-confuſe de l'Anatomie; il fallut d'abord compoſer un Traité fort ample, pour donner une idée de toutes les parties du corps en général, puis de chacune en particulier; & faiſant voir la liaiſon & l'enchaînement reciproque qu'elles ont entr'elles ; en faire comprendre toute l'Economie. Nous fîmes entrer dans cet Ouvrage toutes les plus curieuses & les plus utiles découvertes, qui ont été faites dans ce Siécle, & entr'autres celles du célébre Mr. du Verney & des autres Sçavans de l'Academie Royale, qui se font diftinguez en cette matiere, auflibien qu'en tout le refte, pardeffus toutes les autres Nations.

Dés que l'Empereur eût vû les douze & quinze premieres Propofitions, avec toutes leurs figures en taille-douce, accompagnées de leurs explications, que nous luy prefentâmes, au retour d'un voyage de Tartarie, il en parut tellement fatisfait, que

pour faire voir l'eſtime qu'il
en faiſoit, il ordonna au premier de ſes Peintres, qui ex-
celle ſur tout pour la déli-
cateſſe du pinceau, de tout
quitter pour travailler à ces
figures. Néanmoins comme
cette Science demande plus
d'application, que la ſanté
de l'Empereur ne luy permet-
toit d'y en apporter alors; il
nous fit interrompre ce travail pour quelque temps, afin
de contenter ſa curioſité ſur
les principales maladies, &
entr'autres ſur quelques-unes,
auſquelles il avoit eſté, ou
étoit encore ſujet. Il nous
ordonna de luy en expliquer
les raiſons Phyſiques, ſelon

la méthode de nos Medecins
d'Europe.

Dieu, dont la providen-
ce avoit choifi de tels moyens, pour achever de rendre le cœur de ce grand Prince autant favorable à la Religion & à fes Miniftres, que
nous pouvions fouhaiter, dai-
gna nous affifter en cette occafion. En deux ou trois mois
de temps nous composâmes
18. ou 20. petits Traitez fur
autant de maladies differentes, felon l'ordre que l'Empereur nous prefcrivoit. Ils
eurent le bonheur de luy plai-
re de telle forte, qu'il en fit
divers éloges de vive voix
& par écrit, jufqu'à nous fai-

re venir en fa prefence exprés pour nous marquer la
fatisfaction qu'il en avoit. Et
pour recompenfer nos pei-
nes d'une maniere plus digne
des Prédicateurs de l'Evangile, il accorda enfin en cette
occafion aux preffantes fup-
plications, qu'il fouffrit que
nous luy en fiffions tous a-
lors, cet Edit fi défiré, qui
affranchit nôtre fainte Religion, de la Servitude, où elle
gémiffoit depuis tant d'années.

Dans nos premiers Trai-
tez en parlant des remédes
internes, préparez par la
Chymie, nous en avions re-
levé l'excellence & le merite

te, en ce qu'outre la vertu, qu'ils ont de guerir ou de foulager, ils ne font point dégoûtans ni difficiles à prendre, comme les remédes vulgaires. L'Empereur fouhaitta que nous luy en fiſſions voir quelques eſſais. Nous eûmes beau repreſenter, pour nous en excufer, que nous n'avions nulle experience de ces fortes de choſes; & que nous n'oſions l'entreprendre. Ce Prince perſuadé par le fuccés de quelqu'autres eſſais femblables, que nous réüſſirions de même dans ceux-cy, ne voulut point écouter nos excufes.

Nous nous mîmes donc à

O

parcourir la Pharmacopée du Sieur Charas , alors Directeur du Laboratoire Royal : & dans un Appartement du Palais , que l'Empereur nous assigna , nous dressâmes une espece de Laboratoire. On y voyoit des Fourneaux de diverse forme ; toute sorte d'Instrumens & d'Ustanciles propres aux Opérations Chymiques. L'Empereur, qui ne plaint point la dépense, voulut qu'ils fussent d'argent. Nous fîmes travailler pendant trois mois à faire des Conserves, des Syrops & des Essences de plusieurs sortes. Nous présidions à ce travail; & l'Empereur y assistoit quelquesfois. Quand on eût fait l'effai de ces Drogues, l'Empereur en fut fi content, qu'il les deftina toutes pour fon ufage.

Il fit préparer des Vafes d'or & d'argent exprés pour en porter dans fes voyages, fe faifant un plaifir fingulier d'en donner aux Princes fes Enfans, aux Grands de fa Cour, & même aux gens de fa fuite. Car ce Prince a l'ame naturellement bien-faifante; & fi-toft qu'il apprend que quelqu'un de fes Gens eft malade, il luy envoye fes Medecins, avec les remédes les plus précieux, qu'on juge propres pour fon mal. Nous l'ex-

périmentons nous - mémes
toutes les fois que quelqu'un
de nous se trouve incom-
modé.

Un grand nombre de ma-
lades , & parmi ces malades
plusieurs Officiers de sa maison, & même un de ses propres Gendres guérirent par
l'usage des remédes, que nous
avions apportez d'Europe.
L'Empereur peu de temps a-
prés estant tombé luy-mê-
me dans une maladie dange-
reuse , aprés avoir éprouvé
inutilement les remédes de
ses Medecins , eût recours
aux nôtres, qui le tirérent
du danger, où il étoit. Ses
Medecins voulurent avoir

l'honneur d'achever fa gué-
rifon; mais ils ne furent pas
plus heureux à cét égard; &
l'Empereur ne put être gué-
ri, que par le moyen du Kin-
kina, que les Peres de Fontaney & Vifdelou, qui arriverent heureufement en ce
temps-là , avoient apporté
avec eux. Le Ciel, dont nous
experimentâmes en cette occafion une affiftance extraordinaire, ayant voulu, ce fem-
ble , pour recompenfer ce
grand Prince de la liberté
qu'il avoit accordée l'année
précedente à la Religion, &
l'engager par là de plus en
plus, à favorifer encore davâ-
tage dans la fuite, les Minif-

tres de l'Evangile ; qu'il leur fuft redevable de la fanté & de la vie, comme il le reconnut luy-même par l'aveu public, qu'il en fit, en prefence des Princes & des premiers Seigneurs de fa Cour.

Quelque affection que l'Empereur eût montré dés le commencement, fur tout au P. Ferdinand Verbieft, pour qui il a toûjours eû une veritable eftime ; jamais il n'en avoit donné des marques fi particulieres, qu'il fit ces dernieres années, lors qu'il étudioit nos Sciences avec tant d'ardeur.

Ceux qui fçavent combien les Empereurs de la Chine,

font éloignez de fe familia-
rifer avec perfonne, & combien il eft difficile, même
aux Grands de l'Empire, &
aux Princes du fang, d'approcher la perfonne de l'Empereur, excepté dans les céré-
monies publiques; auront
fans doute de la peine à fe
perfuader, qu'il nous ait traité avec tant de diftinction;
& qu'il ait donné un accez
fi libre & fi frequent auprés de fa perfonne, à des Religieux & à des Etrangers
comme nous. Toute fa Cour
a efté étonnée des Audien-
ces d'une & deux heures de
fuite, qu'il nous donnoit a-
lors reguliérement tous les

O iiij

jours, sans être accompagnez que de trois ou quatre Eunuques de sa Chambre, s'entretenant familierement avec nous sur nos Sciences, sur les mœurs, & sur les coûtumes, & sur les nouvelles tant des Royaumes d'Europe, que des autres parties du monde, & sur diverses autres matieres. Comme il n'y en avoit aucune, sur laquelle nous fussions plus prêts, que celle des grâdes actions de LOÜIS LE GRAND, je puis dire qu'il n'y en a aucune, sur laquelle il ait paru nous écouter avec plus de plaisir. Enfin il en vint jusqu'à nous faire asseoir à ses côtez sur la même estrade que

luy, nous le commandant ab-
folument, ce qu'il n'avoit jamais fait à perfonne, qu'à fes
Enfans.

Mais il ne renferme pas
tellement dans le particulier
la bonté qu'il a pour nous,
qu'il ne nous donne auffi tres-
fouvent en public, des marques d'une bienveillance diftinguée, voulant bien que
tout le monde fçache, qu'il
nous aime & qu'il nous con-
fidere. On fçait affez la grande diftinction, avec laquelle
il traita toûjours le Pere Verbieft, durant fa vie, & aprés
fa mort. On a appris la maniere honorable, dont il fit
appeller à Pé-king le P. Tho-

mas à son arrivée à la Chine ; & celle dont il fit conduire ensuite à sa Cour, les cinq premiers Jesuites François. Les Moscovites ont vû le rang, qu'il voulut que les Peres Péreyra & Gerbillon tinssent aux Conférences de la Paix, qui se traita, il y a huit ans, entre leurs Pléni-potentiaires & ceux de la Chi-ne. On a oüi parler des honneurs extraordinaires qu'il fit rendre par tout l'Empire une année avant que nous y arri-vassions, au Pere Grimaldi, en l'envoyant en Moscovie. D'autres que moy pourroient dire ceux, que ce Prince me fit rendre à moy-même d'u-

ne maniere si publique par les
Officiers généraux des Provinces, à la vûë des Missionnaires de toutes les Nations,
& même des Marchands An-
glois & Portugais ; lorsqu'il
m'honnora de ses ordres, en
m'envoyant en France ; & les
grands égards que cela m'at-
tira dans tout l'Orient, même des Ennemis de nôtre Nation.

A l'exemple des autres Jesuites, qui ont esté occupez
avant nous à Pé-king, au service de l'Empereur de la Chine, nous avons fait tout ce
qu'il falloit, pour persuader
à l'Empereur & aux premiers
Seigneurs de sa Cour, que

nous fuyions ces honeurs, qui
ne s'accommodent pas avec
l'humilité Evangelique. Mais
malgré nôtre refiftance, ce
Prince veut que nous rece-
vions de temps en temps, ces
marques extraordinaires &
publiques de fa bonté ; per-
fuadé que cela eft neceffai-
re, pour nous attirer la con-
fideration des Grands & du
Peuple, & donner par là plus
de poids à la prédication de
l'Evangile.

La même curiofité qui a
engagé l'Empereur à l'étude
de nos Sciences, l'a auffi porté à s'inftruire de nôtre Religion. Il en a puifé les premieres connoiffances en divers
entretiens

entretiens , qu'il a eû avec
le Pere Verbieſt, ſous pré-
texte de le faire diſcourir ſur
les Sciences d'Europe. Il a lû
auſſi pluſieurs Traitez com-
poſez exprés ſur cette matiere, que les Miſſionnaires
ont pris la liberté de luy preſenter. Il a témoigné ſur tout
faire cas d'un excellent Livre
du célébre Pere Ricci Jeſuite, & il l'a gardé plus de ſix
mois. D'ailleurs nous profi-
tons, du mieux qu'il nous eſt
poſſible, de toutes les occaſions , que nous pouvons
trouver , de luy parler des
principales veritez du Chriſ-
tianiſme. Et il ſouffre que les
Jeſuites Miſſionaires en faſ-

P

sent un libre exercice dans son Palais. On luy a oüi dire plus d'une fois, qu'à juger de la Religion Chrétienne par se maximes, & par le progrés, qu'elle avoit fait jusqu'à present à la Chine, il ne doutoit point, qu'elle n'y devint un jour la Religion dominante.

Il paroît déja desabusé de plusieurs superstitions fort anciennes dans la Chine. Par exemple, il n'y a presque personne, excepté les Chrétiens, qui entreprenne une affaire de quelque importance, qu'il ne fasse choisir le jour & l'heure, pour la commencer. Dans le Tribunal des Mathématiques il y a une Chambre particuliere, dont tout l'exercice eſt de choiſir d'une maniere ſuperſtiticuſe les lieux, les jours, &c. pour chaque affaire importante : & durant la minorité de l'Empereur d'aujourd'huy, trois Mandarins du Tribunal des Mathématiques, furent condamnez par les Régens de l'Empire, à perdre la tête, pour avoir négligé d'obſerver l'heure, à laquelle il falloit enterrer un Frere de l'Empereur ; négligence qu'on prétendoit avoir eſté funeſte à la famille Imperiale.

L'Empereur par politique

laiſſe à ce Tribunal l'exercice de ſes fonctions ; mais il
nous a fait connoître en diverſes rencontres, qu'il n'a-
joûtoit aucune foy à ces obſervations. En effet pour toutes les choſes, qui regardent
ſa perſonne en particulier,
c'eſt luy-même qui les de-
termine ; faiſant fort bien
ſçavoir ſes volontez au Tribunal. Ainſi lors qu'il maria
ſon Fils ainé, le Tribunal, à
qui il appartenoit ſelon la
coûtume, de décider de toutes les perſonnes propoſées,
laquelle étoit la plus propre
pour être l'Epouſe du Prince; le Tribunal, dis-je, eut
ordre de nommer celle, que

l'Empereur avoit luy-même
choisie. Il en use de même,
quand il entreprend quelque
voyage; & le jour, dont ce
Tribunal convient, est toûjours précisément celuy, auquel l'Empereur a resolu de
partir.

C'est une chose merveil-
leuse de voir un Prince aussi
puissant, aussi absolu, &
dont toutes les volontez
sont executées avec une
promptitude incroyable, au
milieu d'une Cour, où de
tout temps a regné la molef-
se, estre aussi moderé &
aussi maistre de luy-même
que l'est ce Monarque. Quoi
que son temperament le por-

te à se mettre en colére, lors
qu'il en trouve quelque sujet,
soit dans le Gouvernement
des affaires publiques, soit
dans son Domestique; il sçait
la reprimer de telle sorte, que
loin de punir sur le champ,
comme font ceux que cette
passion domine, il differe ordinairement à un autre temps
à le faire; & quelque-fois les
semaines & les mois entiers :
& par ce moyen le châti-
ment est toûjours plus proportionné à la faute, & plus
efficace pour maintenir le
bon ordre.

Nous en vîmes, il y a plus
de six ans, un exemple bien
remarquable. L'Empereur é-

tant tombé dangereufement
malade, durant un voyage
qu'il faifoit dans les Montagnes de Tartarie, pour y
chaffer felon fa coûtume, a-
voit fait venir en pofte prés
de fa perfonne, le Prince heritier. Comme il fçut aprés,
que quelques-uns des Do-
meftiques de ce Prince n'a-
voient pas paru trop affligez
de la maladie de fa Majefté; &
qu'ils avoient même laiffé é-
chaper quelques marques de
joye, dans l'efperance de voir
bien-toft leur Maître affis fur
le Trône: l'Empereur quoyque vivement indigné de ce
procedé; fut néanmoins maître de luy-même dans une

P iiij

occaſion ſi délicate. Et pour ne pas irriter ſon mal, en ſe mettant en colére, il diſſimula cette faute & en differa le châtiment. Quand il eut repris ſes forces, il demanda à ſon premier Medecin, s'il pouvoit ſans aucune alteration de ſa ſanté, décharger un peu de bile, qu'il ſentoit depuis long-temps ? Le Medecin luy dit, qu'il n'y avoit aucun danger. Alors il fit donner une verte baſtonade à tous les coupables, commençât par le Pere Nouricier du Prince, qui luy tenoit auſſi lieu de Gouverneur; & il envoya quelques-uns des plus conſiderables

des Eunuques de la Cham-
bre du Prince, en exil aux ex-
tremitez de la Tartarie.

Mais comme la Baſtonna-
de & les coups de foüet ſont
en ce païs-là un châtiment
fort ordinaire, qui ne laiſſe
pas aprés ſoy cette tache d'in-
famie, qu'il laiſſe en Europe;
il arrive ſouvent que les Do-
meſtiques de l'Empereur, a-
prés l'avoir ſubi, retournent
comme auparavant à leur
Office ; même en preſence
de ſa Majeſté, qui ne les en
voit pas pour cela de plus
mauvais œil ; & qui même
ne les en conſidere pas moins
dans la ſuite, lors qu'ils ſe
corrigent de leurs fautes.

Au reste la colére n'est pas la seule passion, que l'Empereur sçait moderer. Il n'est pas moins maître des autres; & en particulier de celle qui domine le plus dans toutes les Cours d'Asie ; & qui de tout temps, bien loin d'être regardée comme un vice dans la Chine, y est authorisée par la coûtume. Dans l'interieur du Palais de l'Empereur, où tout inspire la molesse, on éleve une infinité de jeunes filles choisies entre toutes les plus belles de l'Empire, pour y être à la disposition du Prince. Bien plus c'est une loi parmi les Tartares de ne marier aucune de leurs filles, qu'elles n'ayent auparavant esté presentées à l'Empereur, qui peut accepter & retenir celles, qui luy plaisent, sans autre formalité: & les parens de celles, qui y sont retenuës, s'en tiennent mêmefort honorez.

Ce sont ces dangereuses coûtumes, qui en corrompant le cœur & ruinant la santé de tant d'Empereurs Chinois, ont donné occasion à toutes les revolutions qui sont arrivées dans leur Empire, dont ils abandonnoient le Gouvernement aux Eunuques, ou à leur Minis-tres, tandis qu'eux ensevelis dans la molesse & dans la volupté, se tenoient enfermez au milieu d'une troupe de femmes, sans prendre connoissance des affaires.

Mais l'Empereur, qui regne aujourd'huy dans la Chine, est si éloigné de s'abandonner à tous ces attraits de la volupté, qu'il semble au contraire prendre toutes les voyes capables de l'en preserver.

Il y a quelques années qu'êtant allé à Nan-King, pour visiter cette Province, on luy presenta en forme de Tribut sept filles des mieux faites de l'Empire, selon une ancienne coûtume. Le Prince bien loin de les accepter,

ne

ne voulut pas seulement les
voir : & s'eſtant apperçû que
quelques-uns de ſes Courti-
ſans, abuſant du libre accés
qu'il leur donnoit auprés de
ſa perſonne, avoient eû la hardieſſe de luy propoſer des
objets propres à luy amollir
le cœur ; ce Prince les a regardez depuis avec indignation ; & par les differens châtimens dont il les a punis dans
la ſuite, il a fait aſſez voir
combien il étoit en garde
contre tout ce qui étoit capable de le ſéduire & de luy
corrompre le cœur.

Pour oublier plus facile-
ment des plaiſirs & des di-
vertiſſemens ſi pernicieux, il

Q

en cherche de plus nobles dans les differens exercices du corps & de l'esprit, tels que font les voyages, la chasse, la pesche, la course des chevaux, l'exercice des armes, la lecture des livres & l'étude des sciences. C'est pour cela qu'il se plaist si fort à faire de longs voyages, où il ne mene point de femmes : qu'outre les deux ou trois mois de suite, qu'il passe tous les ans à chasser depuis le matin jusqu'au soir dans les montagnes de Tartarie, éloigné de toutes les délices ordinaires aux Empereurs Chinois, comme nous avons dit ; il va encore de temps

en temps à la Sépulture Imperiale de sa famille, & chasse aux environs les 15. & 20.
jours que durent ces voyages. Lors même qu'il est à
Pé-king ou bien dans une
des deux maisons de plaisance qui en sont proche, il
chasse souvent la plus grande partie de la journée. Il a
soin pour cela de faire élever
à une lieuë de distance de la
ville dans un parc quarré &
fermé de hautes murailles,
qui a plus de seize lieuës de
circuit, quantité de bestes-
fauves & de gibier de toute
sorte. Comme il se plaist sur
tout à la chasse du Tygre, il
il en fait élever de jeunes

dans un petit parc derriere ſon Palais , où il les chaſſe quand ils ſont devenus grands.

Pour la même raiſon l'Empereur aime auſſi la peſche. Il a même appris à jetter l'épervier & pluſieurs autres ſortes de filets :ce qu'il fait avec beaucoup d'adreſſe. Quelque-fois il va peſcher dans une riviere , qui n'eſt pas éloignée de Pé-king; quelquefoisdans les jardins de cette ville , où il y a auſſi un étang , & dans ces deux maiſons de plaiſance où il y a beaucoup d'eaux. Tantôt il y peſche à la ligne , tantôt au filet. Il nous a même fait assez souvent l'honneur de nous donner des poiſſons, qu'il avoit peſché de ſa main : ce qui eſt regardé comme une faveur bien particuliere.

Quant à la courſe de chevaux elle ſe fait plus rarement, & ce n'eſt qu'une ou deux fois par an qu'il en fait faire de ſolemnelles en preſence de toute ſa Cour. Alors tous les Princes & les Grands aménent tout ce qu'ils ont de bons coureurs dans leurs écuries. L'Empereur de ſon côté fait auſſi amener les ſiens, & propoſe des prix pour ceux qui remportent l'avantage de la courſe & fourniſſent une plus longue carriere. Les Tartares se piquent si fort d'émulation dans ces Courses, qu'il y en a qui courent jusqu'à 6. & 7. lieuës de suite, sans prendre haleine. Et quoy que le plus souvent il y en ait quelques-uns qui crévent avec leurs chevaux, il se trouve toûjours des gens de reste qui demandent à courir.

Les chevaux Tartares dont on se sert, non plus que les chevaux Chinois ne sont pas bien faits & ont peu de cette noble ferocité & de cette vivacité fougueuse qui se voit dans les chevaux de prix en Europe. Ils ont pourtant cét avantage sur la plus-

part des nôtres , qu'avec
moins de foin & de dépen-
fe ils font de plus grande
fatigue , font de plus lon-
gues courfes , & font ordinairement plus viftes.

Pour ce qui eft des autres
exercices du corps comme
de tirer de l'arc , de l'arba-
lefte & des armes à feu, comme ce Prince les fait tous a-
vec une merveilleufe adreffe,
ainfi que nous l'avons déja
remarqué ; il ne faut pas s'é-
tonner qu'il mette fon divertiffement ordinaire à les faire luy-même & à les voir
faire à fes Enfans.

Il a auffi un grand foin
que fes Troupes faffent fou-

vent l'exercice. Il y a deux mois au Printemps & autant en automne déterminez pour le faire de cinq en cinq jours. Cela regarde toute la Milice de Pé-king: en sorte qu'il y en a une cinquiéme partie qui le fait chaque jour. Il arrive encore assez souvent que l'Empereur le fait faire extraordinairement en sa presence, tantôt généralement à toutes les Troupes de Pé-king, & tantôt à une partie seulement, proposant des prix à ceux qui sont les plus habiles. C'est la coûtume dans les exercices ordinaires de donner 40. sols à chaque soldat pour chaque coup de

fléche qu'il donne dans le
but, soit qu'il tire à pied,
soit qu'il tire à cheval. De
plus quand il y a des places
de Soldats vacantes, comme
elles sont recherchées avec
autant d'empressement, que
les Officiers en ont en Europe pour rendre leurs Com-
pagnies complétes; l'ordre de
l'Empereur est qu'on don-
ne toûjours ces places à ceux
qui sont trouvez les plus habiles dans les exercices militaires : & l'on ne manque pas
de les faire faire à tous ceux
qui se presentent pour remplir les places vacantes. Mais
sa Majesté observe ces ordres avec beaucoup d'exacti-

tude dans les Troupes de sa Maison, tant à l'égard des Mandarins, que des simples Gardes. Car toutes les fois qu'il s'y trouve des Charges à remplir, ou des places de Garde, sa Majesté fait éxaminer en sa presence tous les prétendans, chacun sur les choses qu'il doit sçavoir selon sa profession ; & il préfére toûjours celuy qu'il juge le plus capable.

Au reste ce sage Prince sçait profiter admirablement de tout ce qui peut servir à à la conservation de son Etat. Dés qu'il a sçu la maniere dont on fond les canons & les mortiers en Europe,

il en a fait faire à leur imi-
tation une trés-grande quantité. Il continuë tous les
jours à en faire fondre de
grands & de petits, & à fty-
ler bon nombre de ſes gens
tant à tirer le canon , qu'à
jetter des bombes. Il a même quantité de petites piéces
de campagne de bronze, qui
ſe peuvent porter ſur un cheval ou ſur un mulet : & il a
fait faire une maniere d'af-
fuſt fort leger, qui ſe porte
ſur un autre cheval avec la
munition néceſſaire pour la
charge de ces canons , le
tout de ſon invention.

Dans la bataille donnée
par ſon Armée contre le Roy

d'Eluth , ayant sçu que ce qui avoit le plus endommagé ses Troupes, & ce qui les avoit empêché de mettre l'Armée ennemie dans une entiere déroute, estoit que les Eluths par leur bonne mousquéterie avoient fait grand feu, & qu'ils avoient par ce moyen repoussé la Cavalerie de l'Empereur hors de leurs lignes ; Depuis ce temps-là sa Majesté oblige une partie des Cavaliers de ses Troupes, & même des Gensd'armes de sa Garde, de s'exercer également à tirer des armes à feu & des fléches , soit en marchant, soit de pied ferme.

C'est encore pour éviter l'oisiveté

l'oisiveté, & tout ce qui peut inspirer la molesse, que ce Prince apporte du moins autant d'application à tous les exercices de l'esprit, qu'à ceux du corps. Sans ce que nous avons dit du temps qu'il donnoit à la lecture des Livres Chinois, & à l'étude des Sciences d'Europe; dés qu'il a sçu manier les Instrumens de Mathématique, il n'y a eû rien de si frequent pendant quelques années, soit à Pé-king dans son Palais, ou dans quelques-unes de ses Maisons de plaisance; soit dans ses voyages en Tartarie, ou ailleurs, que de luy voir mettre son plaisir à

R

faire aux yeux de sa Cour, diverses observations tant d'Astronomie, que de Géometrie, avec les Instrumens qu'il faisoit porter par tout avec luy. Tantôt il prenoit la hauteur meridiene du Soleil avec un Quart de Nonante, tantôt il observoit l'heure & la minute avec un grand Anneau Astronomique; inferant ensuite de ces observations la hauteur de Pole du lieu. Quelquefois il mesuroit la hauteur d'une Tour ou d'une Montagne, & quelquefois la distance de deux endroits remarquables. Souvent il cherchoit par le calcul, quelle devoit estre à

midy du jour donné, la lon-
gueur de l'ombre d'un grand
Style, qu'il faisoit porter parmy ses Instrumens. La grande conformité qui se trouvoit ordinairement entre les
observatiōs que faisoit l'Empereur, & celles du P. Gerbillon, qui le suit ordinairement dans ses voyages, &
qui faisoit aussi en même-
temps les sienes, ravissoit toute la Cour en admiration.
Et cela excitoit une merveil-
leuse émulation parmy les
Princes & les Seigneurs, pour
faire du moins apprendre à
leurs Enfans des choses, qu'-
ils admiroient, & qu'ils ne
croyoient pas pouvoir ap-

R ij

prendre eux - mêmes.

Quand le Pere de Fonteney & le P. Visdelou arrivérent à Pé-king, l'Empereur voulut apprendre d'eux l'usage des Pendules à Secondes faites pour les observations celestes & de quelques Niveaux, & autres Instrumens, que ces Peres luy avoient presenté à leur arrivée. Et aprés diverses explications curieuses qu'ils luy firent, sur divers points d'Astronomie, que ce Prince leur proposa, la connoissance qu'ils luy donnerent alors, des deux méthodes nouvelles, que Mr. Cassini & Mr. De-la-hire ont si heureusement imaginées

pour trouver les Eclipſes, luy
fit naiſtre l'envie de les apprendre. Il ordonna en même-temps à ces Peres de, préparer les Figures neceſſaires
pour les luy expliquer.

Enfin pour ſe faire enco-
re dans ce genre d'exercices
d'eſprit, une nouvelle occupation digne de luy, il a en-
trepris depuis quelques années, de faire refleurir les
beaux Arts dans ſon Empire.
Ce qui luy a fait prendre cette reſolution, ſont les differens Ouvrages d'Europe, &
ſur tout ceux de France, qu'il
a vûs, joint ce que nous avons
eu l'honeur de luy dire de l'é-
rection de ces floriſſantes A-

cademies établies à Paris sous le Regne present, pour les Sciences & les beaux Arts ; & du haut point de perfection, où les uns & les autres sont arrivez sous les auspices de LOÜIS LE GRAND, par sa magnificence Royale à recompenser les personnes qui excellent en quelque genre que ce soit. C'est sur ce modéle que l'Empereur de la Chine commença, il y a environ cinq ans, d'ériger dans son propre Palais une espece d'Academie de Peintres, de Graveurs, de Sculpteurs & d'Ouvriers en acier & cuivre pour les Horloges & autres Instrumens de Mathé-

matiques. Pour piquer leur
émulation ; il leur propose
le plus souvent pour mo-
déles des Ouvrages d'Eu-
rope, & entr'autres de ceux
qui ont été faits à Paris. Comme il a le goût excellent, &
qu'il sçait fort bien connoître la finesse & la beauté de
toutes sortes d'ouvrages curieux, il se fait aporter regulierement tous les jours à une
certaine heure, lors qu'il est
à Pé-king ; ou de deux jours
l'un, lors qu'il est dans quelqu'unes de ses Maisons de
plaisance, ceux qui sortent
des mains de ces nouveaux
Academiciens. Il les examine luy-même ; il reprend

R iiij

dans chacun ce qu'il y a de
défectueux ; il approuve ce
qui merite de la loüange; il
retient ceux, où il ne trouve rien à redire & qui passent
l'ordinaire ; mais il recompense toûjours avec éclat les
personnes, qui aux talens particuliers , dont ils ont esté
avantagez de la nature , joi-
gnent une grande applica-
tion , & font voir une grande passion de se rendre de
jour en jour plus habiles dans
leur profession ; jusqu'à les
élever à la dignité de Mandarins , & à les faire revêtir
en public des habits de cérémonie, qu'il leur donne pour
marque du titre, dont il les a
honorez.

L'Empereur de la Chine, avec un empire auſſi abſolu ſur ſes paſſions & ſur tous ſes ſujets, ne ſeroit pas un Monarque accompli, ſelon l'idée que les Chinois ont formé du Héros, s'il ne rempliſſoit encore auſſi parfaitement qu'il fait les devoirs, que la nature inſpire pour ſes proches. Comme les principaux de ces devoirs ſont le reſpect des Enfans envers ceux dont ils tiennent la naiſſance; & l'amour des Peres envers leurs Enfans; il n'y a rien en quoy ce grand Prince ſe ſoit davantage ſignalé. Pour ce qui eſt du premier de ces devoirs, que les Chinois regardent avec raison, comme un des points des plus essentiels de leur Morale; le Ciel ayant enlevé à ce Prince dés son enfance & l'Empereur son Pere & l'Imperatrice sa Me-re ; la vieille Imperatrice son Ayeule, qui leur a long-tems survêcu, a esté pendant sa vie & à sa mort, l'objet continuel du respect filial le plus parfait & le plus exemplaire, dont on ait jamais gueres oüi parler, même à la Chine. Comme elle seule avoit eu soin de son éducation, on ne sçauroit croire jusqu'-où alloit sa soumission en toutes choses pour cette Princesse ; les devoirs qu'il lui rendoit continuellement; l'inquietude qu'il montroit, dés qu'il la ſçavoit tant ſoit peu incommodée, juſqu'à quitter le divertiſſement de la chaſſe, & faire des 60. & 80. lieuës en poſte, pour la venir voir.

Mais a juger de la pieté de ce Prince envers ſon Ayeule, par ce que nous avons vû qu'il a fait à ſa mort; il eſt difficile d'en imaginer une plus grande. Outre le dueil, qu'il en fit porter pluſieurs jours de ſuite par tout l'Empire, & qui fut continué pluſieurs mois à ſa Cour: pendant plus de 15. jours, que le Corps de cette Imperatri-

ce fut expofé dans le Palais,
il fit furfeoir toutes les affaires, & obligea tous les Princes du fang, les Grands de la
Cour, & tous les Mandarins
jufqu'aux moindres Officiers,
de demeurer tous les jours &
toutes les nuits dans les Cours
du Palais, pour y pleurer en
cérémonie la mort de cette
Princeffe, malgré la rigueur
de la faifon, car c'étoit dans
le cœur de l'hyver. Luy-même il n'abandonna jamais le
Sarcueil, jufquà paffer dans
la Sale, où il étoit expofé, plufieurs nuits fans fe coucher,
pleurant à hauts cris & avec
larmes. Non feulement il fit
faire des Funerailles tres-ma-
gnifiques

gnifiques, dont la dépenſe monta à pluſieurs millions, mais encore pour faire mieux voir ſon reſpect & ſa pieté envers la Princeſſe, il voulut accompagner le Corps luy-même en perſonne avec toute ſa Cour, juſqu'au lieu de la ſepulture éloigné de quelques 25. lieües de Pé-king.

Il n'y fut tranſporté qu'au bout de quatre mois; parceque l'Empereur l'avoit auparavant fait mettre en dépoſt dans un Palais hors de la Ville, où il le ſuivit, marchant à pied plus d'une lieuë avec tous ceux de ſes Enfans, qui étoient en âge de marcher. Pendant ces quatre mois que

S

le Corps demeura là expofé, l'Empereur alloit trois ou quatre fois la femaine luy rendre fes devoïrs, & pleurer la perte qu'il avoit faite. Il fit enfuite bâtir un fuperbe Palais au lieu où le Corps avoit efté inhumé, & plufieurs maifons à l'entour, pour les Officiers, qu'il chargea du foin d'honorer fans ceffe la mémoire de la Défunte, par des-cérémonies funebres accompagnées de pleurs & de lamentations. Pendant trois années entieres il voulut fe priver luy & tous les Grands de fa Cour, de toute forte de divertiffemens publics, comme la Comedie, la Mu-

sique, les Fêtes & autres choses semblables. Et pendant
ce temps-là il alla plusieurs
fois chaque année à la sépulture toute éloignée qu'elle est, pour y rendre ses devoirs à cette Princesse, & sa-
tisfaire à sa tendresse par toute sorte de témoignages de
respect & de pieté : ce qu'il
a continué de faire encore
aprés que les trois ans de dueil
ont esté expirez. Et encore
aujourd'huy on dit que lors
qu'il passe à la vûë de l'Ap-
partemét, où demeuroit l'Imperatrice, les larmes luy viennent aussi-tost aux yeux.

Si ce Prince s'est si fort
distingué parmi tous les Chi-

nois par de si rares exemples de respect & de reconnoissance filiale, il ne se fait pas moins admirer par les exemples continuels, qu'il leur donne de l'amour paternel, & par les soins extraordinaires qu'il prend de l'éducatiõ des Princes ses Enfans. Au commencement de l'année 1694. lors que je partis de la Chine, il avoit actuellement quatorze Fils & plusieurs Filles tous vivans, qui luy sont nez de plusieurs Femmes, dont la plufpart ont le titre de Reynes ; car on sçait affez que la Polygamie eft plus ordinaire à la Chine, qu'en aucun autre lieu du monde, & que les Chinois font confifter leur plus grand bonheur à laiffer après eux une nombreuſe pofterité. De ces quatorze Fils nous en avons vû dix tous bien faits, & qui marquent avoir beaucoup d'efprit, les autres étoient encore fort petits.

Les Precepteurs de ces Princes font choifis parmi les plus habiles Docteurs du College Imperial. Leurs Gouverneurs font des perfonnes de la premiere qualité, élevez à la Cour dés leur jeuneffe, & dont le merite eft univerfellement reconnu. Cela n'empêche pourtant pas que

l'Empereur n'examine encore par luy-même toutes les
démarches des petits Princes, & qu'il ne descende dans
le détail de leurs études, juf-
ques-là qu'il voit leurs compositions, & qu'il leur fait
expliquer les Livres en fa prefence.

Il s'attache fur tout à les
former à la vertu & aux exercices propres de leur eftat. A
peine commencent-ils à marcher, qu'on leur apprend à
monter à cheval, à tirer de
l'Arc & des Armes à feu, &
cet exercice leur fert de re-
création & de divertiffement.
Il ne veut pas qu'on les traite avec trop de delicateffe,

au contraire il les veut endur-
cir de bonne heure au. travail & à la fatigue, & les ac-
coûtume à manger des viandes les plus groſſieres. Voicy
ce que j'en ay oüi raconter
au Pere Gerbillon au retour
du voyage qu'il fit, il y a ſix
ans, à la ſuite de l'Empereur
dans les montagnes de Tartarie. Ce Prince n'avoit mené d'abord avec luy , que
ſon fils aîné, ſon troiſiéme
& ſon quatriéme fils; mais
lors qu'il eut commencé à
chaſſer, il envoya encore appeller les quatre ſuivans, dont
le plus âgé n'avoit que douze ans, & le plus jeue neuf.
Tous ces jeunes Princes pen-

dant un mois entier paſſoient avec l'Empereur les journées entieres à cheval, au vent, & au Soleil, à courir & tirer, toujours le Carquois ſur le dos, & l'arc à la main, tirant tantôt en courant à toute bride, ou au petit galop, & tantôt de pied ferme, & preſque toûjours avec beaucoup d'adreſſe. Il n'y avoit point de jour que chacun d'eux ne tuât pluſieurs pieces de Gibier. Dés la premiere chaſſe qu'ils firent, le plus jeune de tous atteignit deux Cerfs avec ſes petites fléches.

Ils ſçavoient & parloient déja tres-bien les deux Langues, le Tartare & le Chinois ; & étoient ſi avancez dans l'étude pénible des Lettres Chinoiſes, que le plus jeune étudioit alors le dernier Livre des Ouvrages de Morale de Confucius, dont il avoit déja vû les trois premiers. L'Empereur ne veut pas qu'on leur ſouffre le moindre défaut : il les fait élever dans une plus grande retenuë qu'on ne fait en Europe : & ceux qui ſont auprés de ces petits Princes n'oſeroient diſſimuler la moindre de leurs fautes, perſuadez qu'ils en ſeroient tres-ſeverement punis.

Quoyque ce ſoit la coûtume de donner le titre de Roy aux Enfans de l'Empereur, dés qu’ils ont atteint l’âge de seize ou dix-sept ans, & de les mettre en même-temps dans un Palais particulier, où ils ont leurs Officiers, leur revenu & tout l’état de leur Maison à part ; cependant lors que je partis, l’Empereur retenoit encore son fils aîné, qui étoit alors dans la vingt-troisiéme année de son âge, dans un Appartement de son Palais, sans équipage particulier, quoy qu’il fût déja marié, & qu’il eût même des Enfans. Au reste l’Empereur l’aime tres-tendrement, aussi est-ce un Prince tres-aimable, car il il est fort bien fait, tres-spi-

rituel, & il a outre cela plufieurs autres belles qualitez.

Le Tribunal des Princes
& des Officiers de la Couronne, prefenterent en corps
une Requête à l'Empereur,
il y a quelques années, pour
luy demander le titre de Roy
en faveur de ce fils. Mais
fans faire aucune réponfe à
cette Requête, il continua
à le retenir auprés de luy, &
nous l'avons vû depuis tous
les jours aller avec fes freres
dans un Appartemenr pro-
che de celuy de l'Empereur,
où eft l'Ecole des Princes,
qui eft le lieu où ils paffent
tout le jour, en partie à étu-
dier, & en partie à faire les

exercices propres de leur naiſſance. Sa Majeſté les y va
ſouvent viſiter, & examine
par luy-même le profit qu'ils
font.

Mais c'eſt principalement
à l'éducation du ſecond de
ſes fils, qu'il a declaré Hoang-
taï-tſé, c'eſt à dire Prince
heritier de l'Empire, * parce
que c'eſt le premier qu'il a
eû de l'Imperatrice ſa premiere femme ; c'eſt dis-je,
principalement à l'éducation
de ce jeune Prince, que l'Empereur s'applique avec plus de
ſoin. Outre qu'il y a un
Tribunal particulier deſtiné

* *Les Enfans de la Princeſſe, qui a le titre
d'Imperatrice, héritent de la Couronne preſera-
blement aux autres.*

que

pour luy enseigner tout ce
que doit sçavoir le Monarque d'un aussi grand Empire, afin de le bien gouverner ; l'Empereur son pere
veille avec une diligence extraordinaire à tout ce qui regarde son éducation ; & se
fait rendre un compte exact
de toutes ses démarches, pour
le former luy-même de bonne heure au Gouvernement.
Aussi peut-on dire que ce
Prince âgé presentement de
vingt-trois ans, qui est aussi
bien fait & d'aussi bonne
mine qu'aucun Seigneur de
son âge, que nous ayons vû à
la Cour de Pe-king, est un
Prince des plus accomplis qui

T

se voyent : de sorte qu'il n'y a personne parmi ses Domestiques ni dans toute sa Cour, qui n'en dise du bien ; & qui ne croye qu'il sera un jour, comme son pere, un des plus grands Empereurs, qu'ait jamais eu la Monarchie Chinoise.

Mais ce que nous estimons beaucoup davantage, est que l'Empereur prend un soin si particulier de luy inspirer tous les sentimens avantageux, qu'il a pour la Religion Chrêtienne, & pour les Missionnaires ; que nous remarquons déja dans luy une affection & une estime presque égale à la sienne. Il y a en-

viron cinq ans , que l'ayant
mené à l'Obfervatoire de Pe-
king , aprés luy avoir fait
voir tous les Inftrumens de
Mathématique , qui en font
tout l'ornement , il luy fit
entendre que c'étoit au Pere
Verbieft , que la Chine étoit
redevable de ces magnifiques
Machines ; enfuite il luy fit
le recit des fervices que ce
Pere & fes Compagnons luy
avoient rendus & au feu Empereur fon pere.

Le même jour que j'eus de
l'Empereur mon Audiance de
congé , le Prince fon fils me
fit l'honneur de me donner
un de fes propres habits , qui
eft une faveur bien extraor-
T ij

dinaire ; mais je me fentis encore bien plus honoré des paroles obligeantes , dont il accompagna cette marque fi particuliere de fa bienveillance. Nous avons crû que l'Empereur même , fut l'auteur de cette faveur , car il me fit demander un peu auparavant jufqu'à deux fois, fi le Hoang-taï-tfë ne m'avoit rien donné.

Peu de temps aprés ce jeune Prince donna aufli un de fes habits complets au Pere Gerbillon, avec quarante ou cinquante piftolles en argent , luy faifant dire que c'étoit pour faire voir par cette légere marque de fon

affection, la joye extréme
qu'il ressentoit pour la grande part que ce Pere avoit eüe
à la guérison de l'Empereur
son pere, à qui nos remédes
venoient de rendre la santé;
qu'au reste il sçavoit bien que
ce n'étoit pas là la recompense que des Religieux Missionnaires, comme nous, atten-
doient de leurs services.

Le jour que le Pere de Fontaney & le Pere Visdelou arrivérent à Pé-king, l'Empereur à cause de la maladie,
qui le detenoit encore au lit,
n'ayant pu les faire venir en
sa presence, comme il eût
fait, s'il se fût bien porté; le
Hoang-taï-tsë informé de

leur habileté voulut les voir:
& leur parla avec beaucoup
de bonté. Ce Prince, qui eſt
tres-bien verſé dans les Livres
& dans les Sciences de la Chine, ayant oüi dire que le Pere Viſdelou y avoit fait de
grands progrez , voulut s'en
convaincre par luy - même.
Pour cet effet luy ayant propoſé à livre ouvert divers paſ-
ſages tres - difficiles de leurs
anciens Livres , que ce Pere
expliqua avec úne netteté &
une facilité merveilleuſe ; il
eut une joye ſinguliere de
voir que ce Pere entendoit
les meilleurs Livres, comme
les Docteurs même de la Chine. Mais il témoigna enco-

re une satisfaction bien plus
grande, lorsque l'ayant in-
terrogé sur le rapport de la
Doctrine de Confucius & des
anciens Chinois, avec la Religion Chrêtienne, ce Pere
répondit que leur Doctrine
non seulement n'étoit point
contraire à la Religion Chrêtienne, mais qu'elle s'accor-
doit tres-bien avec ses principes. En effet ce Prince par
la connoissance particuliere qu'il a déja des principales véritez du Christianisme,
semble autant persuadé que
l'Empereur son pere de la
grande conformité de leurs
principes avec les nôtres.

Je dis autant persuadé que

l'Empereur son pere, car il est bon de remarquer icy, qu'il y a déja tres-long-temps que ce grand Prince est dans ce sentiment; ainsi qu'il l'a donné à connoître d'une maniere assez authentique en diverses rencontres. Et que c'est là même ce qui a achevé de le disposer enfin à approuver, comme il a fait d'une maniere si solennelle & si publique, nôtre sainte Religion: ce que nous sommes persuadez qu'il n'auroit jamais fait, étant aussi politique qu'il est, s'il s'étoit seulement douté que les maximes fondamentales du Christianisme, qui est la perfection de la Loy naturelle, fuſſent contraires à celles de la Religion de ſon Etat; laquelle, ſi on la conſidere dans ſa veritable origine, & ſelon ſes legitimes principes établis par les anciens Sages de la Chine, & non ſelon l'idée qu'en ont à preſent la pluſpart de leurs Docteurs modernes, ne diffère guéres, ou même point du tout de la Loy naturelle. La lecture de cet excellent Livre du Pere Ricci Jeſuite ſi eſtimé de tous les Sçavans Chinois, où cette matiere eſt traitée à fond, & qui tomba l'année precedente entre les mains de l'Empereur, comme il a déja été remarqué, luy ayant levé tous les scrupules qui pouvoient luy rester sur cela; & l'ayant obligé à nous accorder une faveur, que nous n'osions esperer, sans un miracle particulier de la grace du Tout-puissant.

Au reste l'autorité que donne à ce grand Prince la qualité qu'il a de Chef de sa Religion, jointe à la parfaite connoissance qu'il en a acquise, par la longue étude qu'il a faite de leurs anciens Livres, doit rendre son témoignage d'un tres-grand poids en cette matiere.

Mais ç'a esté particulierement depuis mon départ de Pé-King, que le Hoang-taï-tſé, à l'exemple de l'Empereur ſon pere, a fait voir d'une maniere plus particuliere, ſon eſtime pour la Religion Chrêtienne, & ſon affection pour ſes Miniſtres. Lorſque j'étois au Port de Canton preſt à m'embarquer pour venir en France, j'appris par les lettres du P. Gerbillon, que l'Empereur avoit mené à ſa ſuite en Tartarie ſelon ſon ordinaire, que ce Prince, qui étoit auſſi du voyage, luy donnoit touſjours des marques d'une bonté & d'une tendreſſe toute particuliere; qu'il luy avoit fait voir, & même expliqué des Tables de nombres pour certains calculs, faites par les Peres de Fontaney & Visdelou, pour l'Empereur, qui les estimoit à tel point, qu'aprés en avoir appris luy-même les usages, il les avoit enseigné ensuite au Hoang-taï-tsë ; que ce Prince, pour marquer l'estime qu'il en faisoit aussi de son côté, *les portoit dans un étuy penduës à sa ceinture* : qu'un jour ce même Prince luy demanda, ce que c'étoit que le Dieu du Ciel, & luy donna lieu par cette question à faire une courte prédication, que son Altesse parut écouter avec beaucoup d'attention & de plaisir. Qu'une autre fois il luy fit expliquer

une

une demi page de l'Ecritu-
re fainte.

Les Freres de ce Prince,
& fur tout l'aîné, qui entre
plufieurs autres tres-bonnes
qualitez , a un excellent naturel; marquent tous beaucoup de bonté pour nous,
aufli-bien que les deux Freres de l'Empereur même, qui
fe diftinguent en cela, comme enplufieurs autres chofes,
pardeffus tous les autres Princes du fang.

Cette difpofition fi favorable de toute la Maifon Imperiale, & de tous les Princes,
à l'égard du Chriftianifme
& de ceux, qui en publient
les veritez dans la Capitale
V

de l'Empire, se trouve encore dans la pluspart des premiers Seigneurs de la Cour & des Provinces; & même parmi les autres Mandarins & Officiers subalternes, par la grande impression, que fait sur eux, tous l'exemple de leur Souverain.

Mais c'est une chose étonnante, & qui tient en quelque façon du prodige, de voir jusqu'où va l'estime & l'affection, que font paroître publiquement par tout, & pour nous & pour nôtre sainte Loi, les deux premiers Ministres de cet Empire. Je parle du Seigneur So-san & du Seigneur Ming. Le premier

est cet illustre Seigneur, qui
aprés avoir esté depuis long-
temps, un des plus puissans
Protecteurs que la Religion
Chrêtiene & ses Ministres
ayent jamais eû à la Chine;
nous a donné la marque la
plus signalée, que nous pouvions attendre de sa bienveillance, en obligeant par la
force de son éloquence, l'Empereur même & la Cour souveraine des Rites, ce Tribunal depuis un siécle si formi-
dable aux Prédicateurs de l'E-
vangile; à l'approuver enfin,
comme ils ont fait, d'une maniere si authentique & si solennelle.

Pour ce qui est du second, je

veux dire le Seigneur Ming, encore qu'il n'ait point eu jufqu'icy d'occafion de nous donner des marques aufli éclatantes de fa protection, que fon illuftre Collegue: la difpofition entiere, où nous fçavons qu'il eft, de favorifer le Chriftianifme en tout ce qu'il pourra, & de feconder tous les deffeins Apoftoliques des Miflionnaires, nous le fait regarder, comme un appuy aufli folide de la Religion dans toute la Chine, que le Seigneur So-fan: & fi j'ofois publier quelques particularitez fur ce fujet, dont j'ay des connoiffances certaines, toute l'Eglife en ref-

fentiroit une joye extraordinaire.

Pour achever en un mot
le Portrait d'un fi grand Prince, il reſſemble, SIRE, à
Vôtre Majeſté par tant d'endroits, qu'il ſeroit comme
Vous, un des plus accomplis
Monarques, qui ayent ja-
mais regné ſur la terre; s'il
avoit le bonheur de vous reſ-
ſembler encore, dans ce qui
Vous diſtingue davantage de
tous les Princes Chrêtiens,
je veux dire, dans ce qui regarde la Religion.

Il faudroit pour cela, qu'il
eût eû le bonheur d'embraſſer la Foy; & qu'il en fiſt en
ſa perſonne une profeſſion

aussi sincére & aussi exemplaire que Vous. Nous ne pouvons pas sçavoir au vray à cet égard, ce que ce Prince a dans le cœur. Il ne s'en declare pas. Mais à en juger par la connoissance qu'il en a; par l'estime qu'il en fait, ou du moins qu'il en fait paroître ; par la protection ouverte qu'il luy donne, & par les sentimens avantageux qu'il en inspire à ses Sujets, aux premiers Seigneurs de sa Cour, aux Princes ses Enfans, & sur tout à celuy qu'il destine à l'Empire : on peut croire sans temerité, que ce grand Prince n'est pas loin du Royaume de Dieu.

Que pourroit-on augurer autre chose des faveurs continuelles, dont il comble les Ministres de l'Evangile? J'ay eû l'honneur de faire à Vôtre Majesté, un petit détail des plus signalées. Non content d'avoir logé, comme j'ay dit, dans l'enceinte de son Palais, les Jesuites que Vous luy avez envoyé, il leur a encore accordé depuis mon depart, un grand emplacement au même endroit, pour y bâtir un magnifique Temple au vray Dieu, en donnant lieu de croire, que luy-même en seroit le Fondateur : & l'on peut tout se promettre de la joye qu'il aura d'apprendre, combien Vôtre Majefté eft fenfible à une nouvelle de cette nature.

Quand ce Prince auroit déja formé la refolution de fe faire Chrêtien, & de procurer le même bonheur à tous fes Sujets, feroit-il paroître plus de joye qu'il en marque, lors qu'il apprend les heureux, progrez que fait aujourd'huy l'Evangile à la faveur de fes Edits ? Voicy ce que les * Hollandois même en publient fur des Lettres écrites de Macao & de Pé-king, vers la fin de l'an 1695.

L'Èmpereur de la Chine „

*Lettres hiftoriques de l'an 1697. imprimées à la Haye. Mois de Fevrier. pag. 197.

» " aprés avoir par un Edit
» " public, permis à ſes Sujets
» " d'embraſſer la Religion
» " Chrêtienne, a tant de joye
» " d'apprendre les conver-
» " ſions journalieres, qui ſe
» " font dans tout ſon Empi-
" re, qu'il a accordé à deux
" Jeſuites Italiens, qui de-
" meuroient à ſa Cour, d'al-
" ler porter l'Evangile aux
" Provinces les plus éloi-
" gnées, qui demandoient
" des Peres pour leur montrer
" le chemin du Ciel. Et la
" diſpoſition favorable, où
" eſt ce Monarque à l'égard
" de la Religion, donne
" grand ſujet d'eſperer de
" voir toute la Chine Ca-

" tholique dans un siécle.

Ils rapportent ensuite le détail des conversions de six ou sept Seigneurs considera-bles, lesquelles font, ajoû-tent-ils, de si grandes impres-sions à la Cour, que l'on ne s'y entretient que de la sainte Foy de Jesus-Christ. Ils di-sent outre cela, que le nombre des gens du peuple, qui se préparent au Baptême en certains endroits, est si grand; que les Missionnaires, qui y font, n'y sçauroient suffire: que l'Empereur ne peut assez parler de nostre Religion; qu'il se fait un vray plaisir de la conversion de ses Sujets; qu'il ne se lasse point de loüer

le zéle des Miffionnaires. Et
enfin qu'il avoit recomman-
dé à quatre Jefuites, qui font
à fa Cour, de demander in-
ceffamment un plus grand
nombre de leurs freres, pour
les aider.

Auffi eft-ce là, SIRE,
une des principales commif-
fions, dont ce Prince me
chargea, en m'ordonnant de
repaffer les Mers, ainfi que
j'ay eu l'honneur d'en rendre
compte à Vôtre Majefté, en
luy prefentant les premieres
marques de fon eftime. Il
marqua fouhaiter extréme-
ment, qu'on luy envoyât pre-
mierement des Indes, tout ce
qu'on y pourroit trouver de

Jesuites François, & entr'autres le Pere Tachard & le P.
le Comte. Car dés qu'il a sçu
que Vôtre Majesté les avoit
destinez d'abord l'un & l'autre, aussi bien que nous, pour
la Chine, il a voulu les avoir
à sa Cour. Il avoit même
donné ordre long-temps auparavant que le P. le Comte,
qu'il connoît & qu'il estime
particulierement, s'y rendît
avec ses Compagnons, lors
qu'il y appella le P. de Fontaney & le Pere Visdelou,
croyant qu'il fût encore alors
dans ses Etats. Mais la Providence permît, lorsque j'ar-
rivay aux Indes, que je n'y
trouvay aucun Jesuite en é-

tat

tat de faire ce voyage. Ce Prince m'avoit donné ordre de venir enſuite en France, & de m'adreſſer à Vôtre Majeſté même, pour luy en demander le plus grand nombre qui ſe pourroit, ſur tout du caractére de ceux, qu'il a déja auprés de luy, & dont il paroît content audelà de ce qui ſe peut exprimer.

Car c'eſt des Jeſuites, qui ſoient vos Sujets & habiles dans toute ſorte d'Arts & de Sciences, que ce Prince ſouhaite avoir; pour en former dans ſon Palais, avec ceux qui y ſont déja, une eſpece d'Academie ſubordonnée à voſtre Academie Royale:

X

ayant conçû une si haute idée de ses lumieres, depuis que nous luy en avons fait voir quelques traits dans les petits Ouvrages, que nous luy a-vons déja composés en Tar-tare ; que c'est principale-ment de cette pure & de cet-te excellente source, qu'il souhaite qu'on tire tous les memoires, qui serviront pour les autres Ouvrages, qu'il dé-sire avoir aussi en sa langue, sur tous nos Arts & sur tou-tes nos Sciences, afin de leur donner cours dans son Em-pire.

Au reste, SIRE, la Re-ligion retirera de ce projét, ce grand avantage, que ceux

qui auront l'honneur d'y travailler, outre le grand appuy
qu'ils donneront par ce moyen à la Religion & à tous
ſes Miniſtres dans cet Empire, partageant entr'eux les
matieres, ſelon leurs differens talens, ſans être nota-
blement diſtraits du miniſté-
re de l'Evangile, qui fera toûjours leur plus ſolide & principale occupation ; fourni-
ront chaque année à nos Sçavans, beaucoup de remarques
& d'obſervations curieuſes &
exactes ſur toute ſorte de matieres, avec des traductions
des Livres Chinois & Tartares les plus propres pour contribuer à la perfection de nos

X ij

Arts & de nos Sciences. Et par là ils exciteront ces Mesfieurs à leur envoyer reciproquement en faveur des Chinois, toutes leurs sçavantes découvertes, dont on espere se servir avec un succés merveilleux, pour rendre ces Infidéles, & sur tout les sçavans, les Grands de l'Empire, les Princes, & l'Empereur même, plus attentifs à nous écouter sur les veritez de la Religion; & les disposer enfin avec le secours de la grace, à l'embrasser plus facilement.

Car l'experience de plus d'un siécle a fait connoître, que les Sciences sont le prin-

cipal de tous les moyens na-
turels , dont Dieu a voulu
que les Miſſionnaires ſe ſer-
viſſent juſqu'à preſent, pour
introduire & planter la Foy
dans la Chine ; & dont il
veut encore aujourd'huy, ce
ſemble , d'une maniere plus
manifeſte , qu'on ſe ſerve
déſormais pour y abolir le
Paganiſme.

Auſſi a-t'on toûjours re-
marqué que ces peuples, é-
clairez au point qu'ils le ſont ,
& ſe diſtinguant, comme ils
ont toûjours fait, des autres
Nations Infidéles , tant par
leur eſprit & leur politeſſe ,
que par l'eſtime des maximes
les plus épurées de la droite

raiſon, ont pour l'ordinaire
beaucoup moins de difficulté que les autres, à ſe rendre
aux veritez de l'Evangile, &
même à les embraſſer, quand
elles leur ſont expliquées clairement & avec méthode, par
des perſonnes, auſquels la pureté des mœurs, jointe à une
grande capacité, ont attiré
auparavant leur eſtime & leur
créance : Dieu qui les touche alors, comme il fait d'ordinaire, par les mouvemens
interieurs de ſa grace, leur
faiſant aſſez ſentir leurs obli-
gations ſur ce point ; pour
les faire reſoudre à s'aſſujet-
tir à l'humilité de l'Evangile, quelque fierté que leur

inspire leur fausse sagesse.

Aprés cela qui pourra douter, SIRE, que ce n'ait esté dans cette vûë, que Dieu vous inspirant, il y a quelques années, d'envoyer à la Chine des Jesuites de vos sujets, pour y travailler à la conversion des Infidéles, il vous inspira en même-tems, de les charger de commissions differentes pour la perfection des Arts & des Sciences? Et que sa Providence répondant là, à ce qu'il vous inspiroit icy, a fait trouver à ces Missionnaires, parmy les Chinois, & même dans la personne de leur Empereur, des dispositions si conformes à la grandeur & à la sainteté de vos projets : jusques-là que ce Prince non content d'un si petit nombre, en envoye aujourd'huy demander un plus grand à V. Majesté.

Que ne pouvons-nous point nous promettre sur cela, SIRE, dans ces heureuses conjòctures, de ce zéle héroïque, auquel vous ne mettez aucunes bornes ? S'il est permis d'augurer quelque chose de ce que V. Majesté a fait, sur tout ces dernieres années, en faveur des Missions du Levant, des Indes & d'Ethiopie, sur les premieres apparences qu'on a

vûës d'y pouvoir planter la
Foy : quelles esperances ne
peut-on pas former en faveur
de la Chine? qui seule vaut
beaucoup plus que toutes ces
Missions ensemble, & qui
donneroit assurément dans
peu d'années un plus grand
nombre de Fidéles à l'Eglise,
qu'il n'y en a dans le reste du
monde, s'il y avoit un nombre d'Ouvriers Evangéliques
proportionné à la multitude
innombrable d'Infidéles, qu'-
ils y trouveroient tres-dispo-
sez à les écouter.

La pleine liberté que l'Empereur de la Chine a accordée à ses Sujets, d'embrasser
la Foy, pourroit suffire, pour

faire efperer de voir quelque jour toute la Chine Chrêtienne. Mais fi ce Prince venoit à leur en donner luy-même l'exemple, nous pourrions efperer de voir, même dés le Regne de Vôtre Majefté, l'accompliffement do ce grand Ouvrage.

A moins d'un miracle de la grace, on n'oferoit, il eft vray, fe promettre la converfion d'un Prince Infidéle, auffi puiffant qu'eft ce grand Monarque. Mais fi l'on confidére, qu'outre l'eftime qu'il fait de nôtre Religion, & la protection qu'il luy donne, il eft exempt des vices, qui empêchent le plus fouvent

les Princes Gentils d'embraſſer la Foy ; & qu'il eſt déja
même accoûtumé à la pratique de la pluſpart des vertus
morales, qui ſe trouvent rarement enſemble dans un
Payen. Ce n'eſt point aſſu-
rément ſans raiſon qu'on
peut préſumer , que celuy
qui ſemble avoir déja mis de
ſi grandes diſpoſitions dans
le cœur de ce Prince , voudra bien enfin luy faire cette
inſigne miſericorde, ſur tout
ſi les Fidéles conſpirent una-
nimement , comme ils doi-
vent, à la demander à Dieu
avec ferveur, pour luy & pour
tous ſes Sujets.

Je dis pour luy & pour

tous ſes Sujets. Car enfin cet Empereur êtant abſolu, comme il eſt, dans tous ſes Etats, en vénération à ſes Voiſins, & renommé par tout l'Orient, comme un Prince d'une eſtenduë extraordinaire de génie, d'une ſageſſe & d'une expérience conſommée, d'une Doctrine & d'une probité audeſſus du commun ; s'il venoit à ſe convertir à la Foy, on peut dire que ſa converſion feroit un ſi grand éclat, qu'elle entraineroit tres-probablement celle de tout ce vaſte Empire, qui vaut plus que toute l'Europe entiere, pour le nombre de ſes habitans ; & peut-eſtre

même

même ensuite celle de toutes les autres Nations d'alentour, portées, comme elles sont d'ailleurs, par la haute estime qu'elles ont toûjours eûë de la sagesse des Chinois, à se conformer à leurs maximes & à leurs coûtumes.

Evénement, S I R E, le plus avantageux à l'Eglise, dont on ait jamais oüi parler, & en même-temps le plus glorieux au Regne de Vôtre Majesté, à qui il semble que le Ciel ait reservé l'honneur de contribuer plus qu'aucun Prince du monde à son avancement ; comme pour mettre le sceau à toutes ses glorieuses entreprises,

Y

& couronner dignement par là toutes les actions heroï-ques de LOÜIS LE GRAND. Car quelle recompense plus digne de ce zéle & de cette magnanimité héroïque, avec laquelle , aprés avoir soûte-nu la Religion pendant prés de dix ans, par la force de vos armes & la sagesse de vos conseils, contre presque tou-te l'Europe , vous avez bien voulu , tout superieur que vous estes à vos Ennemis, leur offrir la Paix à des conditions même tres avantageuses pour eux , en vûë du repos pu-blic & du bien universel de la Religion.

Parmi les vœux que nous

faisons sans cesse à present,
pour la conversion de l'Empereur de la Chine & de tout
son Empire , nous ne pou-
vons pas n'en point faire à
même-temps de tres-ardens,
pour l'heureuse conclusion
de cette paix, qui doit être
encore plus salutaire aux Chinois, qu'aux Européens même; puisqu'en rétablissant la
liberté du commerce , nos
Vaisseaux auront celle de
porter désormais reguliérement chaque année jusqu'-
aux extrémitez de l'Orient,
de nouvelles troupes de Missionnaires; & d'en rapporter
aussi, Dieu aidant, chaque
année les agréables nouvel-

les d'un nombre innombra-
ble de Chinois foûmis par
leurs travaux,& fous les auf-
pices de V. Majefté ,à l'Empire de Jefus-Chrift.

Attendant avec impatien-
ce le départ des premiers Vaif-
feaux , que Voftre Majefté
voudra bien , à ce que nous
efpérons, envoyer à la Chine , où on peut affurer qu'ils
feront du moins auffi bien
venus que ceux des autres
Nations ; Vous me permet-
trez, SIRE, de me difpofer
avec cette recrûë fortunée
d'hommes Apoftoliques, dõt
vous daignerez fortifier cette année nôtre petite Troupe, à regagner avec toute la

diligence poſſible, la région,
où le Soleil ſe léve. Et faiſant mon bonheur de pou-
voir me joindre aux uns &
aux autres, pour ſeconder
vôtre grand zéle, en annon-
çant les véritez Chrêtiennes
aux Peuples les plus éloignez;
je n'oublieray pas, SIRE,
en reconnoiſſance de tant de
faveurs, dont Vous nous a-
vez comblez, de publier par
tout les nouvelles merveilles,
que j'ay appriſes de Voſtre
Majeſté dans ce voyage, &
d'en rendre compte à Celuy
de tous les Princes de la Terre, qui ſe fera un plus grand
plaiſir de les entendre ; &
qui mérite le mieux vôtre

Y iij

estime & vôtre amitié.

Enfin je joindray mes foibles vœux à ceux de tous les Fidéles de la Chine, qui attend son salut principalement de Vous, pour continuer à demander à Dieu la conservation de Vôtre Personne sacrée & de toute la Famille Royale, taschant au moins par là de faire voir le parfait dévoûment & le tres-profond respect avec lequel je suis,

SIRE,

DE VÔTRE MAJESTE',

Le tres-humble, tres-obéïssant
& tres-fidéle Sujet, & Serviteur
J. BOUVET, J.

AVERTISSEMENT.

La disposition peu favorable de nostre siécle acoûtumé à douter de la plûpart des choses que racontent les personnes, qui reviennent des païs éloignez, devroit, ce semble, me faire apprehender, qu'on ne donnât pas à ces Mémoires, toute la créance, que mérite la fidélité exacte, avec laquelle ils sont écrits.

Mais comme ils ne contiennent que des choses, que nous avons vûës de nos yeux, & dont nous avons eû des connoissances tres-certaines, j'ose me flater que le public nous fera la justice de les regarder d'un autre œil, qu'il ne fait les Relations ordinaires: & qu'on ne me croira pas assez temeraire; pour oser presenter au plus éclairé & au plus grand Monarque du Monde, quelque chose, qui ne soit pas dans l'exacte verité; & qui seroit capable de nous attirer la juste indignation de Sa Majesté, & de nous faire perdre en même-temps les bonnes graces du plus grand Empereur de l'Orient.

EXTRAIT DV PRIVILEGE
du Roy.

PAr grace & Privilége du Roy, en date du 16. Août 1697. Signé, BOUCHER : Il est permis au R. P. BOUVET de la Compagnie de Jesus, de faire imprimer, vendre & debiter un Livre intitulé, *Le Portrait historique de l'Empereur de la Chine*, pendant le tems de dix années ; avec défenses à tous Imprimeurs & Libraires d'en imprimer, vendre ou debiter pendant ledit temps sans le consentement dudit Exposant, à peine de confiscation des Exemplaires, de tous dépens, dommages & interests, & de deux mil livres d'amende, ainsi qu'il est porté plus au long dans ledit Privilege.

Registré sur le Livre de la Communauté des Imprimeurs & Marchands Libraires de cette Ville de Paris, le 7. Septembre 1697.

Signé, AUBOUIN, Syndic.

Et ledit R. P. B o u v e t a cedé &
transporté son droit de Privilége à
Estienne Michallet, Imprimeur
ordinaire du Roy, pour en joüir, suivant le traité fait entr'eux.

Achevé d'imprimer pour la premiere
fois, le 15. Septembre 1697.

www.ingramcontent.com/pod-product-compliance
Ingram Content Group UK Ltd.
Pitfield, Milton Keynes, MK11 3LW, UK
UKHW021646170726
13836UKWH00005B/2432